LA TERRE

50 expériences pour découvrir notre planète

BELIN • POUR LA SCIENCE

8, rue Férou 75278 Paris cedex 06
http://www.editions-belin.com   http://www.pourlascience.com

La géologie aux éditions Belin et Pour la Science

- Claude ALLÈGRE, *12 Clés pour la géologie*, éditions Belin, 1987.

- Anny CAZENAVE et Kurt FEIGL, *Formes et mouvements de la Terre*, éditions Belin/CNRS, 1994.

- Maurice MATTAUER, *Ce que disent les pierres*, éditions Pour la Science, 1998.

- Pierre ROUTHIER, *Voyage au monde du métal*, éditions Belin, 1999.

- Martin SCHWARZBACH, *Wegener, le père de la dérive des continents*, éditions Belin, 1985.

- *Les Humeurs de l'océan*, Dossier Pour la Science, 1998.

Site internet Belin
http://www.editions-belin.com

Site internet Pour la Science
http://www.pourlascience.com

Le code de la propriété intellectuelle n'autorise que « *les copies ou reproductions strictement réservées à l'usage privé du copiste et non destinées à une utilisation collective* » [article L. 122-5] ; il autorise également les courtes citations effectuées dans un but d'exemple ou d'illustration. En revanche « **toute représentation ou reproduction intégrale ou partielle, sans le consentement de l'auteur ou de ses ayants droit ou ayants cause, est illicite** » [article L. 122-4].

La loi 95-4 du 3 janvier 1994 a confié au C.F.C. (Centre français de l'exploitation du droit de copie, 20, rue des Grands Augustins, 75006 Paris), **l'exclusivité de la gestion du droit de reprographie.** Toute photocopie d'œuvres protégées, exécutée sans son accord préalable, constitue une contrefaçon sanctionnée par les articles 425 et suivants du Code pénal.

© Éditions Belin 1999   ISSN : 0993-4812   ISBN : 2-7011-2401-8

Introduction

Nous habitons sur une planète active, vivante d'une certaine façon, non seulement parce qu'elle porte la vie, mais aussi parce qu'elle est en constant changement. Loin d'être immuables, les reliefs qui nous entourent ne cessent, en effet, de se modifier. Lentement mais sûrement, des montagnes s'élèvent, d'autres sont progressivement arasées, des collines disparaissent, des vallées étroites s'élargissent en de vastes plaines. Ces transformations sont si lentes et s'expriment de façon si discrète à l'échelle humaine qu'elles nous sont imperceptibles. Depuis des millions d'années, elles n'en ont pas moins profondément modelé le visage de la Terre.

Le vent, la pluie, la glace, les vagues, les cours d'eau, etc. sont des manifestations qui nous sont familières. Elles sont dues à deux fluides : l'air et l'eau, dont les mouvements à la surface du globe déterminent notre environnement immédiat. Il est difficile, en revanche, de se représenter les effets à moyen et long terme de ces puissants agents d'érosion qui transforment à notre insu le paysage. Les conséquences catastrophiques d'un cyclone, d'une inondation, d'un glissement de terrain nous frappent par leur ampleur... Mais sait-on comment naissent les dunes ? Comment une rivière au cours si calme parvient à creuser de profondes vallées ? Comment l'eau circule dans le sol et réapparaît ensuite sous forme de source ? Comment sont modelées les grottes ?

Sous nos pieds, les cent premiers kilomètres de la surface du globe terrestre nous réservent également des surprises. Cette couche sur laquelle nous vivons est en effet fragmentée en une douzaine de plaques mobiles, qui se déplacent de quelques centimètres par an seulement. Des mouvements très lents à l'échelle humaine, mais qui suffisent pourtant à provoquer les tremblements de terre, l'ouverture d'océans aussi vastes que l'Atlantique et l'érection de montagnes aussi hautes que l'Everest. Le « moteur » de ces déplacements, imperceptibles à nos yeux, est à rechercher dans la chaleur interne du globe terrestre. La Terre est bien une planète active !

Dans cet ouvrage, je propose quelques expériences faciles, simples et peu coûteuses, destinées à « imiter la Terre », afin de mieux en comprendre l'histoire et le fonctionnement. La plupart des essais proposés permettent de se rendre compte de l'action mécanique des éléments air et eau sur la surface du globe. Ils sont complétés par quelques expériences de chimie qui miment des processus affectant les roches et participant à leur lente transformation. La reproduction des phénomènes agissant dans les profondeurs du globe sera plus délicate, et nous fournirons moins d'exemples. Nous terminerons enfin par quelques notions de magnétisme terrestre, phénomène qui prend sa source dans le cœur du globe, le noyau.

Si l'astrophysique est la science de l'incommensurable dans l'espace, la géologie est la science de l'incommensurable dans le temps. Le principe des essais proposés ici repose sur l'élaboration de modèles réduits. La réduction d'échelle entraîne une réduction de la dimension temps. On peut alors observer dans un laps de temps de quelques minutes, ce qui nécessite en grandeur réelle des siècles, des millénaires, voire des millions d'années. Ainsi parvient-on à accélérer le temps pour mieux en comprendre les effets.

Dans l'ouvrage, les mots qui sont suivis d'un astérisque* renvoient à une définition plus large dans le glossaire en fin de livre.

Sommaire

INTRODUCTION 3

1. LE VENT 6
- **1.1.** Les dunes longitudinales — 8
- **1.2.** Les dunes transversales — 10
- **1.3.** Les fentes de dessiccation — 12
- **1.4.** Les vagues et la houle — 14

2. L'EAU EN SURFACE 16
- **2.1.** Les gouttes de pluie — 18
- **2.2.** Les cheminées de fée — 20
- **2.3.** Les marques de ruissellement — 22
- **2.4.** Le rôle protecteur de la végétation — 24
- **2.5.** Les marques d'affouillement — 26
- **2.6.** Le creusement d'une vallée — 28
- **2.7.** L'érosion régressive — 30
- **2.8.** La capture d'une rivière — 32
- **2.9.** Le cône de déjection — 34
- **2.10.** Les méandres — 36
- **2.11.** Le delta — 38
- **2.12.** Les sables mouvants — 40
- **2.13.** Le glissement de terrain — 42
- **2.14.** La faille panaméenne — 44
- **2.15.** La mesure du débit — 46
- **2.16.** Le granoclassement — 48
- **2.17.** Le tamisage — 50

3. LE GEL 52
- **3.1.** La gélifraction — 54
- **3.2.** La tectonique du gel — 56
- **3.3.** Les pierres dressées — 58
- **3.4.** Les icebergs — 60

4. L'EAU DANS LE SOL 62
- **4.1.** La porosité — 64
- **4.2.** La perméabilité — 66

4.3. Une couche imperméable	68
4.4. La source	70
4.5. Le forage	71
4.6. Le puits artésien	72
4.7. Le piégeage du pétrole	74

5. QUELQUES PHÉNOMÈNES CHIMIQUES — 76

5.1. La cristallisation	78
5.2. La fabrication d'hydrocarbures	80
5.3. L'attaque acide des roches calcaires	82
5.4. La décomposition du calcaire par la chaleur	84
5.5. La décomposition du gypse par la chaleur	86

6. LA DÉFORMATION DES ROCHES — 88

6.1. Un pli anticlinal	90
6.2. Un pli-faille	92
6.3. Une faille inverse	94
6.4. Une faille normale	96
6.5. Le pendage d'une couche	98

7. DES PHÉNOMÈNES THERMIQUES — 100

7.1. Les courants de convection	102
7.2. Le bouillonnement gazeux	104

8. LE MAGNÉTISME TERRESTRE — 106

8.1. Comment trouver le Nord	108
8.2. Une boussole de géologue	110

GLOSSAIRE	**112**
TABLEAU DES ÈRES GÉOLOGIQUES	124
INDEX DES NOMS DE LIEUX	125
INDEX DES NOMS COMMUNS	126

1. Le vent

Le vent est un courant d'air à l'échelle planétaire. Il naît des déplacements de masses d'air sous l'effet des différences de températures dans l'atmosphère, tout comme les courants d'air dans une maison sont provoqués par les variations de température entre une pièce chaude et une pièce froide. Car l'air est un corps, et comme tout corps, sa densité* varie avec la température : l'air chaud est moins dense et monte, tandis que l'air froid, plus lourd, reste au ras du sol. C'est pourquoi quand, par temps froid, on ouvre une fenêtre dans une pièce chaude, le froid est d'abord perçu au niveau des pieds, puis des jambes. Selon le même principe, il se produit dans l'atmosphère des échanges d'air entre les zones polaires et les zones équatoriales réchauffées par le Soleil. De ces mouvements, d'autant plus complexes qu'ils se combinent à l'action de la rotation terrestre, résulte le vent.

À la surface de la Terre, le vent a trois types d'effets : il déplace des fragments rocheux, il assèche le sol* en accélérant l'évaporation de l'eau, et il agite l'eau à la surface des océans ou des lacs, créant les vagues et la houle. Les expériences qui suivent permettent de reproduire quelques uns de ces effets naturels.

L'action directe du vent sur les roches est en fait limitée. Les objets qu'il déplace sont de dimensions variables. Tout dépend de sa force. Son action est surtout manifeste dans les zones arides, où les particules constitutives du sol, libérées par l'absence d'eau dans ces régions, deviennent la « proie » du vent qui les emporte sur des distances plus ou moins grandes, selon leur taille. Là où elles se déposent s'édifient des collines de sable*, ou dunes, déplacées ensuite au gré du vent. Dans les déserts, le courant de particules entraînées par le vent use les roches, qui finissent par présenter une surface polie, parfaitement lisse, appelée vernis désertique. Il faudrait un temps d'expérience beaucoup trop long pour rendre ce dernier phénomène perceptible.

L'effet essentiel du vent est indirect : c'est en déplaçant les nuages que son action est la plus importante. Car l'eau tombée du ciel est le principal agent d'érosion* qui modèle la surface de la planète, comme nous le verrons dans le chapitre 2. À l'échelle humaine, il est évident qu'un cyclone, dont la vitesse peut dépasser 200 km/h, a des effets instantanés, dévastateurs sur la nature et les constructions réalisées par les humains. Mais, à l'échelle du temps géologique, ce type de catastrophe est insignifiant. C'est sans doute un des paradoxes de l'activité géologique, et nous en verrons d'autres par la suite.

Des dunes dans le désert.

1.1 Les dunes longitudinales

Les dunes sont à l'origine de bien des paysages de déserts ou de bords de mer. Hautes de quelques mètres à plusieurs dizaines de mètres, ces collines de sable* sont des constructions édifiées par le vent. Le plus souvent, les dunes s'allongent dans le sens du vent : elles sont longitudinales. Leur formation est facile à reproduire et à observer. Mieux vaut réaliser la manipulation dans la cuisine ou à l'extérieur, plutôt que dans le salon !

Le matériel nécessaire

- Un sèche-cheveux électrique.
- 1 kg de sable fin ou sablon (diamètre voisin de 0,01 mm), très sec.
- Une plaque de verre ou de métal de 50 × 50 cm ou une feuille de papier glacé, ou encore une table de cuisine (ou de classe) en Formica.
- Une brosse et une pelle de ménage.
- Une loupe de grossissement × 10.

Réalisation

1. Versez le sable sur la plaque lisse, puis disposez-le de façon à constituer une bande d'épaisseur à peu près constante (**figure a**).

2. Dirigez le flux d'air du sèche-cheveux perpendiculairement au tas de sable, et ce pendant toute la durée de l'expérience. On peut faire varier la distance entre le sable et le sèche-cheveux pour vérifier l'influence de l'intensité du flux sur le déplacement des grains.

3. Observez à l'œil nu et à la loupe.

a

Résultats

Dès le début de l'expérience, les grains de sable au sommet du tas « sautent » : c'est la saltation. D'autres grains se déplacent en glissant : c'est la reptation. Peu à peu, se forme une flèche de sable dans le sens du « vent » créé par l'appareil (**figure b**).

Dunes longitudinales.

Si on laisse agir le courant d'air suffisamment longtemps, tout le sable se dispose en une figure allongée, semblable à une dune longitudinale.

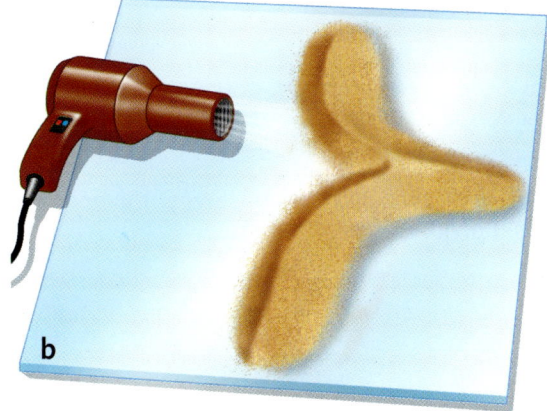
b

Interprétation

Cette expérience illustre en premier lieu le phénomène élémentaire de déplacement des grains sous l'effet d'un courant d'air. À l'aide d'une loupe, on observera que les particules s'ordonnent selon leur taille (**figure c** ci-dessous) : les plus grosses, donc les plus lourdes, sont proches de la source du vent, alors que les plus petites sont entraînées plus loin. La raison en est simple et évidente : la force du flux d'air diminue en fonction de la distance à la source (le sèche-cheveux) et la capacité de « porter les grains », la portance, varie de même. Si le sable contient des grains beaucoup plus gros (2 mm), une soufflerie faible ne pourra pas les déplacer : le vent ne déplace pas les rochers !

Si on réalisait la même expérience avec de la farine – ce que je déconseille vivement, sauf en plein air, pour éviter les conflits familiaux – on n'observerait qu'un nuage qui irait s'étaler au loin. La dimension des grains de farine n'est en effet guère différente de celle des grains de poussière : au maximum 20 micromètres (0,02 mm). La masse de chaque grain est si faible qu'un simple et léger souffle suffit à le déplacer très loin. Voilà pourquoi il faut faire le ménage !

Dans la nature

Les dunes longitudinales forment des crêtes longues et droites, rangées parallèlement à la direction du vent dominant. Elles se forment là où le sable abonde – dans les déserts – et où le vent souffle avec puissance dans une seule direction ou dans deux directions convergentes.

Le vent qui souffle sur le sable peut aussi déplacer d'autres particules. Épisodiquement, s'abattent sur toute l'Europe des pluies rouges, formées de grains de poussière venus du Sahara.

L'explosion en 1991 du volcan Pinatubo, aux Philippines, projeta des cendres qui retombèrent dans le monde entier après avoir été portées par des vents de très haute altitude. Les couleurs ocrées que prennent parfois les couchers de Soleil sont les témoins directs du long voyage effectué par les cendres volcaniques. Le vent est aussi à l'origine des dépôts* de loess, ou « terres jaunes », également nommés « limons des plateaux », constitués de poussières qui proviennent de grands glaciers. En France, on les observe notamment dans le Bassin parisien et en Alsace.

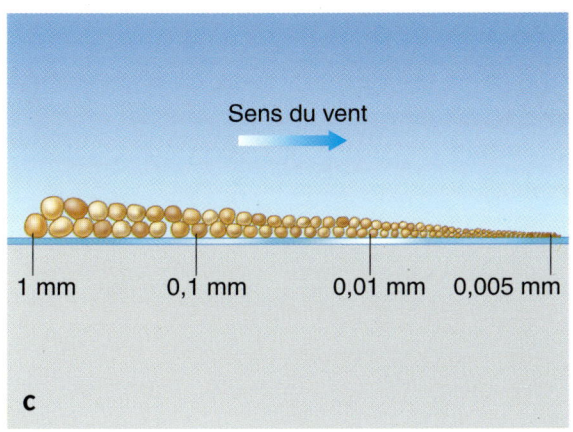
c

Mots clés

- Cendre volcanique • Désert • Dune longitudinale
- Loess • Poussière • Pluie rouge • Portance
- Reptation • Sable • Saltation • Vent

1.2 Les dunes transversales

Les obstacles sont fréquents dans la nature et lorsque le vent se heurte à un quelconque relief, les dunes prennent alors une forme perpendiculaire au sens du vent : ce sont des dunes transversales. On peut reproduire leur formation en rajoutant, dans l'expérience précédente, un obstacle au parcours du vent.

Le matériel nécessaire

- Matériel identique à l'expérience 1.1.
- Une bombe de laque ou du silicate de soude (en vente dans les drogueries).
- Un morceau de bois rectangulaire ou une boîte d'allumettes lestée de sable, par exemple. La hauteur de l'objet ne doit pas excéder 1 cm ou 2 cm et être, dans tous les cas, inférieure à la hauteur du tas de sable initial (voir figure).
On peut aussi placer plusieurs obstacles disposés en ligne et séparés les uns des autres ; prévoir alors une plus grande quantité de sable et un courant d'air plus puissant (air comprimé par exemple).

Réalisation

1. Placez l'obstacle près du tas de sable, et orientez la soufflerie du sèche-cheveux vers le sommet et un peu en arrière du tas de sable (**figure a**).

2. Mettez la soufflerie en marche et observez. L'expérience nécessite au moins 5 minutes pour être concluante.

3. Si vous voulez conserver la forme obtenue : l'expérience étant réalisée sur une plaque de verre, vaporisez de la laque en bombe sur le sable ou versez du silicate de soude qui, en séchant, solidifiera le tas de sable.

4. La même expérience peut être réalisée en plaçant plusieurs obstacles successifs.

a

Dunes transversales.

Résultats

Comme dans l'expérience précédente, les grains de sable commencent à sauter, mais, cette fois-ci, ils retombent juste derrière l'obstacle où ils s'accumulent. Aux extrémités de l'obstacle, la masse de sable forme deux queues longitudinales, l'ensemble dessinant un croissant (**figure b**). Avec plusieurs obstacles, il se forme un ensemble de dunes. Outre la forme arquée de ces dunes, on peut observer la dissymétrie de leurs versants. Par rapport à l'obstacle, le côté « au vent » est raide, tandis que le côté « sous le vent » est en pente douce.

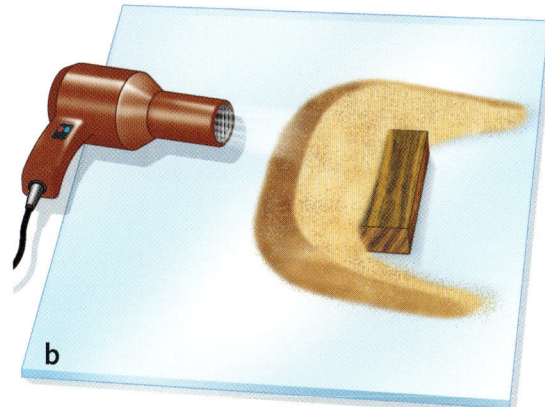

Interprétation

Cette manipulation permet de reconstituer la formation très fréquente de dunes transversales. Il est rare, en effet, que le sable se déplace sur de grandes distances sans rencontrer d'obstacle. Les grains de sable n'étant alors plus soutenus par le flux d'air freiné par l'obstacle, ils retombent derrière.
De part et d'autre de l'obstacle, le sable se déplace librement, par saltation, comme dans la première expérience : il en résulte une forme en croissant.
La dissymétrie des versants de la dune s'explique par la variation de la vitesse du courant d'air de part et d'autre de l'obstacle. Quand le vent arrive sur le sable, il est en pleine vitesse et enlève une grande quantité de grains de sable, d'où la pente raide avant l'obstacle ; après l'obstacle, les grains n'étant plus portés par le vent, ils tombent et roulent, donnant naissance à une pente douce.

Dans la nature

Une dune typique en forme de croissant est appelée du nom persan de barkhane. Les barkhanes s'observent le long de toutes les plages sableuses du monde, dès qu'il existe à l'amont un relief* ou une végétation bien fournie. La grande dune du Pyla, en bordure de l'Atlantique, en Gironde, présente une dissymétrie caractéristique des versants : le côté exposé au vent venu de l'Océan est raide, tandis que la face sous le vent, tournée vers la terre, est en pente plus faible. Comme les dunes longitudinales, les barkhanes sont mobiles.

Les régions désertiques du globe, et notamment le Sahara, comportent fréquemment un grand nombre de dunes longitudinales et de dunes transversales, dont l'ensemble forme ce que l'on appelle des associations de dunes ou ergs. Généralement, les ergs s'étendent sur plusieurs kilomètres, voire centaines de kilomètres.

Association de dunes (ou erg).

Mots clés

- Barkhane • Désert • Dune transversale • Erg
- Plage • Sable • Saltation • Vent

1.3 Les fentes de dessiccation

Dans tous les lieux boueux et soumis à des alternances de sécheresse et de pluie, le sol présente par temps chaud des figures particulières : les fentes de dessiccation ou fentes de retrait. De multiples fentes dessinent, en plan, des polygones grossiers. Ces fissures s'ouvrent le plus souvent dans un sol argileux desséché par le Soleil ou le vent lequel accélère l'évaporation de l'eau. La reproduction de ces figures est aisée, soit en intérieur, soit à l'extérieur.

Fentes de dessiccation sur un sol argileux.

Le matériel nécessaire

En intérieur
- Un grand saladier en verre ou en plastique, ou une cuvette de grand diamètre (40 cm) ou un cristallisoir de 5 litres ;
- 4 à 5 kg de mélange moitié de sable moitié d'argile. Ce mélange doit être sec avant le début de l'expérience.
- De l'eau

À l'extérieur
- Si l'on dispose d'un jardin, un tuyau d'arrosage et l'eau courante suffisent ! Le sol, s'il est en partie argileux, est un matériau bien adapté. En terre sablonneuse, l'expérience est, en revanche, impossible ; en effet, une couche sableuse est trop perméable pour être affectée par ce phénomène (voir p. 66).

Réalisation

En intérieur

1. Disposez le mélange sable + argile dans le récipient.

2. Versez doucement l'eau, jusqu'à recouvrir exactement le mélange qui s'imbibera progressivement. L'argile est partiellement mise en suspension, se sépare du sable et forme une pellicule superficielle. Tout est prêt pour l'expérience. Mais il faut s'armer de patience, surtout si l'on a mis trop d'eau…

3. Placez le dispositif au soleil, sur un balcon ou sur le rebord d'une fenêtre. Si vous êtes pressé ou impatient, placez la cuvette ou le cristallisoir dans un mini four, réglé à 50 °C : c'est à peu près la température qui règne au Soleil sous les tropiques.

À l'extérieur

1. Si vous disposez d'un jardin, il suffit d'arroser un mètre carré de sol dépourvu de végétation.

2. Bien imbiber le sol et attendez que le soleil et le vent agissent : il faudra évidemment choisir une période sèche !

Résultats

Au bout de quelques jours, suivant la température ambiante et la quantité d'eau utilisée, l'eau a disparu (elle s'est évaporée) et la pellicule d'argile* s'assèche peu à peu. Quand elle est presque sèche, des craquelures apparaissent et forment des lignes brisées ; réunies les unes aux autres, elles dessinent un assemblage de polygones **(figure a)**. En s'écartant les uns des autres, les bords des lignes découvrent des fentes. Vu de profil **(figure b)**, le rebord argileux est légèrement recourbé et prend une forme concave vers le haut. Quand la dessiccation se prolonge, les fentes deviennent plus profondes.

s'intensifie. Une première ligne, apparue dans une zone, s'approfondit et rejoint une autre ligne dans une autre zone. Finalement, toutes les lignes – irrégulières dans le détail – se rejoignent pour former le réseau polygonal observé.

Dans la nature

L'ouverture de fentes de dessiccation, ou de retrait, est fréquente en terrain argileux ou argilo-sableux. Dans les caniveaux, au bord des routes de campagne, les boues formées après une forte pluie sèchent rapidement sous l'action du soleil ou du vent, et dessinent des fentes caractéristiques. Lors d'une sécheresse prolongée, le phénomène est visible dans les champs dénudés ou les jardins, voire en forêt. Il arrive que le bord d'une fente se relève sous l'effet de la rétraction : il s'est formé ce que l'on appelle une boucle de boue.

On retrouve parfois des fentes de dessiccation à l'état fossile*, dans des dépôts* de sédiments* anciens. Les fentes fossilisées les plus âgées connues remontent à 2,5 milliards d'années ! En France, la région de Lodève, dans l'Hérault, montre des fentes fossilisées remarquables dans des terrains rouges, vieux de 270 millions d'années (époque du Permien*, situé à la fin du Paléozoïque* ou ère* primaire).

Les fentes fossilisées fournissent des informations précieuses au géologue. Si elles sont recouvertes de sédiments, leur présence prouve que, lors de leur formation, le dépôt était à l'air libre. Quand les sédiments remplissent les fentes de dessiccation, ils permettent de repérer la polarité du dépôt fossile, c'est-à-dire de déterminer si les fentes sont dans leur position originelle de dépôt ou si elles ont été renversées par des mouvements postérieurs de l'écorce terrestre. De telles observations aident à comprendre comment les couches géologiques se sont formées et à retracer l'histoire géologique d'une région.

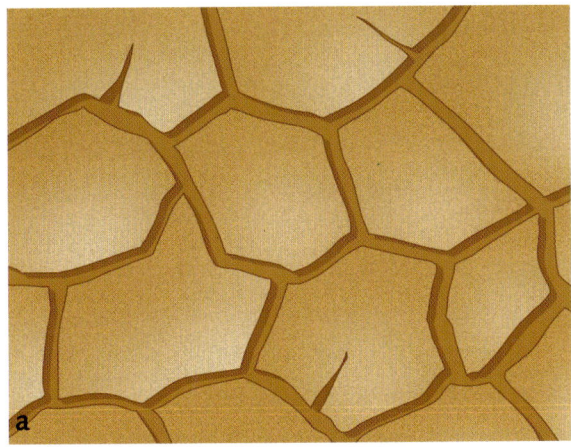

a

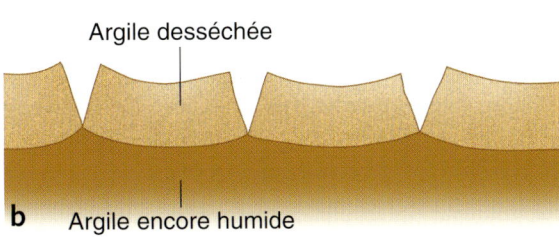

Argile desséchée

b Argile encore humide

Interprétation

L'origine du phénomène est simple. Une fois imbibée d'eau, l'argile augmente de volume. Si il y a évaporation, la perte d'eau entraîne une diminution de volume de l'argile ; des vides se créent, s'unissent les uns aux autres, donnant naissance à des lignes de forme irrégulière, le long desquelles l'évaporation

Mots clés

• Argile • Boucle de boue • Dépôt • Dessiccation • Évaporation • Fente de dessiccation • Fente de retrait • Fossile • Permien • Pluie • Polarité • Sable • Sécheresse • Sédiment • Vent •

1.4 Les vagues et la houle

L'effet du vent sur les plans d'eau est bien connu : il provoque des vagues, dues au soulèvement local de la surface de l'eau, et même parfois une ondulation d'ensemble de la surface de la mer, appelée houle. Quiconque s'est trouvé un jour de grand vent en bord de mer, d'un lac ou même d'un étang, a pu observer comment la surface de l'eau se met à frissonner, à bouger, puis à former des vagues si le vent devient violent. On peut essayer de faire naître des ondulations à la surface de l'eau à l'aide d'une petite soufflerie.

Une vague déferlante.

Réalisation

1. Dans un premier temps, réalisez la manipulation avec de l'eau seulement. Orientez le flux d'air dans une direction constante pendant quelques minutes, très près de la surface de l'eau et le plus parallèlement possible à celle-ci.

2. Dans un deuxième temps, placez les copeaux de bois ou de liège dans la cuvette, du côté opposé à la soufflerie.

Résultats

On voit d'abord se former progressivement des vaguelettes, d'autant plus hautes que le souffle est plus fort. Lorsque l'on ajoute les copeaux, on observe qu'ils sont alternativement soulevés et abaissés sur place, comme un bouchon flottant en mer.

Interprétation

L'expérience n'est pas très spectaculaire. Elle permet cependant de comprendre comment le vent agit sur l'eau : le souffle pousse les molécules d'eau à la surface, comme il pousse les grains de sable dans les expériences 1.1 et 1.2 ; toutefois, dans le cas

Le matériel nécessaire

- Un sèche-cheveux.
- Une grande cuvette remplie d'eau.
- Des copeaux de bois (rognures de crayon) ou de liège (morceaux de bouchon).

présent, on ne vo
retombe aussitôt,
regagne sa positio
toutes les molécules
une force d'attraction
nu, un « objet » continu et

Pour caractériser une vague, o
mètres principaux : sa période, qui e
temps séparant le passage de deux c
deux creux) en un point donné ; sa longueur d'onde (L), qui est la distance entre deux crêtes (ou deux creux) ; sa hauteur (H), qui est la distance entre la crête et le creux.

crête est suffisamment redressé,
detruite : elle déferle.
Lorsque les vagues s'approchent d'une côte, elles atteignent des eaux moins profondes et sont ralenties par le fond. Elles se brisent quand la profondeur est inférieure à la moitié de la longueur d'onde (L/2) (**figure b** ci-dessous).

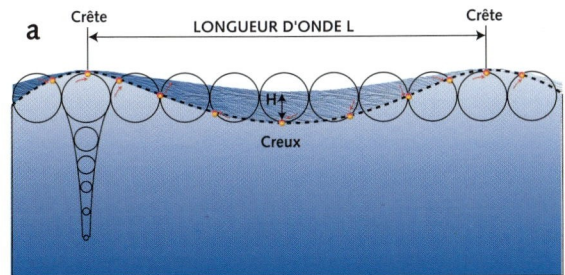

Les vagues sont des ondes en surface. Mais il faut bien comprendre qu'elles ne se déplacent qu'en apparence. En effet, le vent met en mouvement les molécules superficielles de l'eau, qui à leur tour transmettent un certain mouvement aux molécules sous-jacentes, décrivant une série de cercles.
Les mouvements réels de l'eau sont donc limités à de petits cercles stationnaires en surface, chaque molécule d'eau décrivant une orbite circulaire dont le diamètre est égal à la hauteur de la vague. C'est ce que montre la **figure a** ci-dessus, représentant au même instant plusieurs molécules d'eau (en rouge) à la surface de la vague : chacune d'elles occupe une position différente le long de sa trajectoire circulaire. Après le passage de la vague, les molécules regagnent leur position d'origine. Le diamètre des cercles où évoluent les molécules d'eau diminue quand on s'éloigne de la surface et que l'on descend en profondeur.
La propagation d'une crête n'est donc qu'une illusion d'optique, puisqu'en aucun cas l'eau ne se propage avec la crête. C'est la raison pour laquelle nos copeaux, dans l'expérience, restent sur place.

Quand les vagues s'éloignent des régions ventées où elles sont engendrées, elles deviennent plus symétriques et leurs crêtes s'arrondissent. Elles constituent alors des trains de vagues de périodes et de hauteurs similaires – la houle – et voyagent sous cette forme pendant des milliers de kilomètres.
La houle se forme donc aussi sous l'action du vent, mais elle ne peut prendre naissance que sur de grandes surfaces, dépassant plusieurs milliers de kilomètres carrés. On ne peut ainsi l'observer sur des lacs comme le lac Léman ou les lacs scandinaves : elle n'apparaît que sur la mer ou l'océan et sur les très grands lacs, comme le Baïkal, en Russie.
Un raz de marée, ou tsunami, est une vague de très grande longueur d'onde. Mais son origine est tout autre : elle est déclenchée par un violent séisme sous-marin.

Mots clés

• Crête • Gravité • Houle • Onde • Mer • Océan
• Onde • Tsunami • Vague • Vent •

2. L'eau en surface

Le vent amène la pluie. Chaque année, des millions de tonnes d'eau tombent sur notre planète. D'où vient la pluie? Des nuages dans l'atmosphère, où l'eau, à l'état de vapeur, se condense et forme des gouttelettes. Lorsque celles-ci ont atteint un poids suffisant, elles sont précipitées sur Terre*, sous l'effet de la gravité, en pluie, neige ou grêle. Ces « précipitations » diverses, à l'origine de presque toute l'eau présente à la surface du globe et dans les premiers kilomètres du sous-sol*, connaissent un triple devenir. Une partie de l'eau tombée du ciel s'évapore sous l'action du Soleil et du vent. Une autre partie de l'eau ruisselle en surface. Une dernière fraction s'infiltre dans le sol*, alimentant les réserves souterraines. Mais tôt ou tard, l'eau finit par s'évaporer et retourner dans l'atmosphère où elle se condense à nouveau pour former des nuages, avant de retomber sur Terre: c'est l'éternel cycle de l'eau*.

L'aventure de l'eau sur notre planète commence donc avec la pluie. Dans ce chapitre, sont d'abord illustrées brièvement deux actions de l'eau de pluie sur le sol terrien: les traces d'impact que dessinent les gouttes à leur arrivée sur le sol, et la création de « cheminées de fées », ces étranges sculptures façonnées par l'eau. L'essentiel des expériences de ce chapitre est consacré aux effets du ruissellement* en surface. L'eau est un puissant agent d'érosion*. Elle attaque les roches*, prélève des matériaux. Par gravité, des rivières naissent qui entaillent le relief*, emportent les matériaux arrachés, et les déposent ailleurs, jusque dans les océans. Avec le temps, des sommets sont abaissés, des vallées se creusent, des plaines se forment, des méandres se créent, des deltas apparaissent.

Les expériences proposées ici permettent de comprendre comment l'eau liquide en mouvement sur notre planète est à l'origine de l'essentiel des processus qui modèlent, lentement mais sûrement, la surface de la Terre. Réalisées à l'extérieur, ces expériences sont démonstratives. En intérieur, il sera plus délicat d'obtenir des résultats probants, à l'exception des trois dernières manipulations, qui sont des expériences de physique destinées à appréhender certains mécanismes liés à l'eau.

L'eau en surface, un puissant agent d'érosion des reliefs terrestres.

2.1 Les gouttes de pluie

D'innombrables gouttes de pluie martèlent la Terre*. À leur arrivée sur le sol*, elles laissent des traces sur le sable* et sur tout autre terrain meuble*. Vues de près, leurs empreintes ressemblent à celles laissées par des météorites miniatures ! Ce phénomène, qui s'observe fréquemment dans la nature, peut être aisément reproduit. La manipulation est facile à exécuter et ne nécessite qu'un matériel léger et limité. Sa réalisation est plus aisée dans un jardin, mais peut aussi se faire dans un évier.

Le matériel nécessaire

En intérieur
- 1 kg de sable fin (diamètre inférieur à 0,2 mm).
- Un arrosoir d'intérieur muni d'une pomme.

À l'extérieur
- Tas de sable fin (comme ci-dessus).
- Un arrosoir de jardin muni d'une pomme ou un tuyau d'arrosage avec pomme.

Réalisation

1. Commencez par bien aplatir le sable pour obtenir une surface unie, régulière et la plus plane possible.

2. À l'aide de l'arrosoir, tenu à 40 cm environ au-dessus du sable, laissez tomber quelques secondes l'eau en pluie sur le sable. Si vous utilisez un tuyau d'arrosage, le débit doit être très faible. Quelle que soit la méthode employée, veillez à ce qu'il n'arrive qu'un petit nombre de gouttes sur le sable : sinon, l'observation sera difficile à analyser. Avec le compte-gouttes, tenu à 30 cm au-dessus du sable, il est évidement plus facile de contrôler le débit.

3. Observez l'état de la surface du sable.

4. Refaites la même expérience en arrosant cette fois-ci abondamment et observez l'état de la surface du sable.

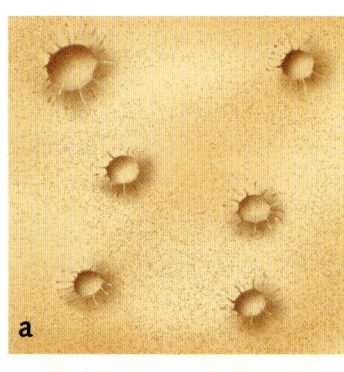
a

b

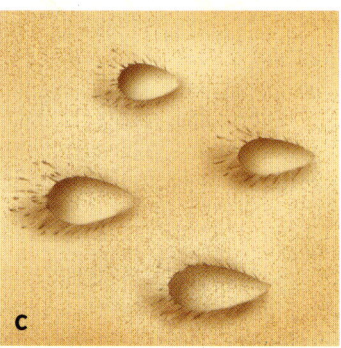
c

d

Résultats

Vu de dessus, on constate que chaque goutte laisse une marque ronde en creux **(figure a)**. De profil, les creux apparaissent bordés d'un bourrelet circulaire, haut de quelques millimètres **(figure b)**.
Si l'on utilise un tuyau d'arrosage et que l'on dirige obliquement le jet, le résultat est différent : vus de dessus, les creux laissés par les gouttes sont allongés, de forme ovale **(figure c)** ; vus de profil, les bourrelets sont plus prononcés du côté opposé à l'arrivée des gouttes **(figure d)**.
Enfin, si l'on arrose à grands flots, à l'arrosoir ou au tuyau, toutes les traces se confondent et la surface du sable finit par présenter un aspect irrégulier ; seules des gouttes isolées modèlent encore des creux.

Interprétation

Sous l'effet du choc produit par chaque goutte, pourtant légère (1 g environ), les grains de sable situés au centre de l'impact sont déplacés sur le pourtour de celui-ci : il en résulte un creux et un bourrelet, dont la formation est presque simultanée **(figure b)**. La profondeur du creux est proportionnelle à la force d'impact de la goutte.
Si la goutte tombe verticalement, on comprend que le creux formé soit circulaire, puisque la force de l'impact se répartit également dans toutes les directions. Si la goutte arrive obliquement, le creux formé est de forme ovale car l'impact est oblique : le grand axe de l'ovale se trouve dans la direction d'arrivée de la goutte ; la position du bourrelet indique aussi le sens d'arrivée de la goutte, puisqu'il se forme à l'opposé de l'impact de celle-ci **(figure d)**. Cette expérience reproduit les effets combinés de la pluie et du vent, ce dernier pouvant pousser les gouttes et les faire tomber obliquement.

Dans la nature

Dans la nature, ce phénomène est bien visible sur les plages de sable fin, dès les premières gouttes d'un gros orage, ou encore sur le bord d'un étang, après une sécheresse suivie d'une forte pluie. Il arrive que les marques se conservent quelques jours.

Par extraordinaire, ce phénomène si ténu peut être sauvegardé à l'état fossile* dans les couches* géologiques. Les grès*, qui sont des sables consolidés*, gardent ce type de traces. Les plus anciennes connues datent de 1,3 milliard d'années ; elles ont été retrouvées dans un grès très dur de Norvège du Sud (Telemark). Des traces d'impact ont également été retrouvées dans les terrains rouges de la région de Lodève, dans l'Hérault, datant du Permien* (voir p. 13). Des gouttes d'eau fossilisées de forme ovale et à bourrelet dissymétrique indiquent le sens du vent qui soufflait quand elles se sont formées, même si c'était il y a plus de 200 millions d'années ! Leur présence prouve par ailleurs que la couche qui leur a servi de moule était à l'air libre, en ce temps-là, et qu'elle se trouvait sans doute en milieu continental. Même une goutte de pluie renseigne le géologue !
À une autre échelle, les traces créées sur le sol par la pluie s'apparentent à l'impact des météorites tombées du ciel. Certes, le poids et la vitesse de ces corps célestes ne sont pas les mêmes. Mais l'empreinte laissée sur le sol est identique : il se forme un cratère d'impact, avec, au centre, un creux et, à la périphérie, un bourrelet constitué des roches* refoulées lors de l'impact.

Le cratère Meteor (Arizona, États-Unis), creusé par une météorite il y a 50 000 ans. Diamètre 1,2 km, profondeur 190 m.

Mots clés

- Cratère d'impact • Fossile • Goutte d'eau • Grès
- Impact • Météorite • Pluie • Sable • Vent •

2.2 Les cheminées de fées

Les cheminées de fées, surnommées « demoiselles coiffées », sont des curiosités naturelles visibles dans diverses régions de France. C'est un spectacle paradoxal de voir un bloc, parfois de plusieurs tonnes, supporté par une simple colonne de sable et de gravier. Voici comment reproduire en miniature ces étranges sculptures taillées par l'eau. On comprendra ainsi leur histoire.

Le matériel nécessaire

En intérieur
- 1 kg de sable fin, type sable de plage, mélangé à de l'argile.
- Petits cailloux ou galets de 2 à 3 cm
- Cale en bois.
- Cuvette.
- Arrosoir d'appartement ou tuyau branché sur un robinet.

À l'extérieur
- Tas de sable fin.
- Cailloux de 3 à 5 cm
- Tuyau d'arrosage ou arrosoir.

Réalisation

En intérieur

1. Déposez une épaisse couche de sable* au fond de la cuvette.

2. Placez les cailloux sur le sable, en les enfonçant un peu, pour compacter* le sable.

3. Disposez la cale en bois sous la cuvette, de façon à lui donner une pente d'environ 10° **(figure a)**.

4. Faites couler l'eau de façon modérée, à l'aide soit d'un arrosoir, soit d'un petit tuyau branché au robinet, ouvert à faible débit. Bien veiller à ce que l'eau tombe verticalement, en pluie, au-dessus des cailloux.

a

À l'extérieur

1. Disposez le sable de manière à créer une pente faible, qui permettra à l'eau de s'écouler naturellement. Posez directement les cailloux sur le sable en les enfonçant un peu.

2. Faites tomber doucement l'eau en pluie sur le sable. Le réglage du débit est très important : il doit être suffisamment fort pour enlever le sable, mais pas trop, de sorte que les cailloux ne soient pas déplacés.

Conseil : si le sable est mélangé à de l'argile (10 % à 20 %) – ce que l'on peut obtenir en ajoutant un peu de terre du jardin, si vous êtes en terrain argileux – la colonne sera plus compacte et résistera plus longtemps.

Résultats

En intérieur comme en plein air, la pluie artificielle et le courant d'eau, créé par la pente, emportent le sable. Progressivement, les cailloux se trouvent dégagés du sable qui les entoure. En revanche, le sable recouvert par les cailloux reste, lui, protégé. En quelques minutes, commencent à apparaître des colonnes de sable couronnées ou « coiffées » de cailloux (**figure b** ci-dessous).

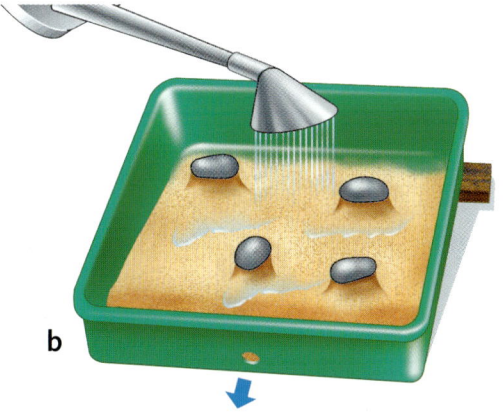

b

En fin d'expérience, le sable des colonnes est attaqué par la base, et les colonnes, de plus en plus minces, finissent par s'effondrer.

Interprétation

En tombant à la verticale, les gouttes d'eau emportent les grains de sable situés entre les cailloux. Seul le sable recouvert de cailloux est abrité, comme sous un parapluie ! Si le courant d'eau n'est pas trop fort, des colonnes stables se forment peu à peu. En quelques minutes, on crée ainsi des figures qui mettent plusieurs siècles à prendre naissance dans la nature.

L'amincissement progressif de la colonne à sa base est tout à fait logique, comme on le verra dans l'expérience suivante (p. 22) : à force de tomber, la pluie crée un courant d'eau qui finit par enlever le sable alors protégé, jusqu'à l'écroulement de la colonne. Ce processus d'enlèvement est appelé ablation*.

Des cheminées de fée à Saint-Veyran (Queyras).

Dans la nature

Comme dans la manipulation ci-contre, les cheminées de fées sont dégagées dans la nature par l'eau, la pluie n'épargnant que les endroits protégés par un chapeau de roche dure. Les demoiselles coiffées émergent de terrains relativement tendres (mélange d'argile* et de sable) et atteignent parfois 20 m ou 30 m de haut. En France, on peut les admirer dans le Queyras ou en Haute-Provence, dans la région de Sisteron. On les rencontre sur les flancs des vallées, et non auprès du lit* des rivières, où un courant latéral puissant les ferait s'effondrer rapidement (en quelques années). C'est d'ailleurs leur sort : les cheminées de fée sont condamnées à disparaître, peu à peu sapées par les eaux. Trop fragiles pour pouvoir être conservées, elles n'existent d'ailleurs pas à l'état fossile*.

Après une pluie d'orage, soyez attentif : il est possible d'observer de minuscules cheminées de fées (hautes de quelques centimètres) dans des carrières ou sur des talus de route, là où existe en tout cas un mélange de matériaux à grain fin (inférieur au millimètre) et à grain plus grossier (des petits cailloux de 1 mm à 30 mm).

Mots clés

• Ablation • Argile • Cheminée de fée • Demoiselle coiffée • Goutte d'eau • Pluie • Sable • Vallée •

2. L'eau en surface

2.3 Les marques de ruissellement

Sur Terre*, l'eau de pluie s'écoule et ruisselle en surface avant de rejoindre un cours d'eau ou de s'infiltrer dans le sol*. Dans les terrains en pente, constitués de matériaux meubles*, l'eau forme des rigoles creusant le sol. Après le passage de l'eau, subsistent des marques dites de ruissellement*. Ce processus s'appelle le ravinement. Vous avez pu commencer à l'observer lors des deux expériences précédentes (2.1 et 2.2). Des traces identiques apparaissent aussi sur l'ensemble des plages soumises aux marées. L'effet du ruissellement est un phénomène très facile à reproduire.

Réalisation

En intérieur

1. Répartissez également le sable dans la cuvette et aplanissez soigneusement sa surface.

2. Donnez une légère pente à la cuvette en plaçant la cale en bois sous l'un de ses côtés.

3. Placez le tuyau au point culminant de la cuvette.

4. Ouvrez doucement le robinet, en dirigeant le jet d'eau vers le bas de la cuvette (l'aval) : le filet d'eau s'infiltre dans le sable. Augmentez le débit d'eau jusqu'à ce que l'eau s'écoule en surface.

À l'extérieur

1. Aplanissez préalablement la surface du tas de sable, à l'aide de la planche, tout en ménageant une pente régulière de 10° environ.

2. Faites couler l'eau, d'abord doucement, puis plus rapidement de sorte qu'une certaine quantité d'eau puisse s'écouler en surface.

Remarque : si on prolonge l'essai au-delà de quelques minutes, on peut enchaîner directement sur l'expérience de la page 28.

Le matériel nécessaire

En intérieur
- Une grande cuvette rectangulaire ou carrée, en plastique, de 40 cm de côté environ.
- 4 à 5 kg de sable fin, c'est-à-dire de grain moyen de 0,2 mm.
- Une cale en bois de plusieurs centimètres d'épaisseur, pour donner de la pente au récipient.
- Un tuyau relié à un robinet.

À l'extérieur
- Un bac à sable ou un tas de sable de 1 m³, de grain homogène (il peut être livré par les marchands de matériaux).
- Un tuyau d'arrosage ou un arrosoir.
- Une planche.

Résultats

Dans les deux conditions d'expérience, le résultat est le même, mais il est plus spectaculaire à l'extérieur. Dès que le courant d'eau devient visible en surface, il commence à enlever les grains de sable. Peu à peu apparaît une rigole qui, soit s'approfondit, soit se ramifie vers l'aval. En quelques minutes, se forme un réseau de rigoles qui laissent, après le passage de l'eau, des marques de ruissellement (*rill marks* en anglais), encore appelées ravinements.

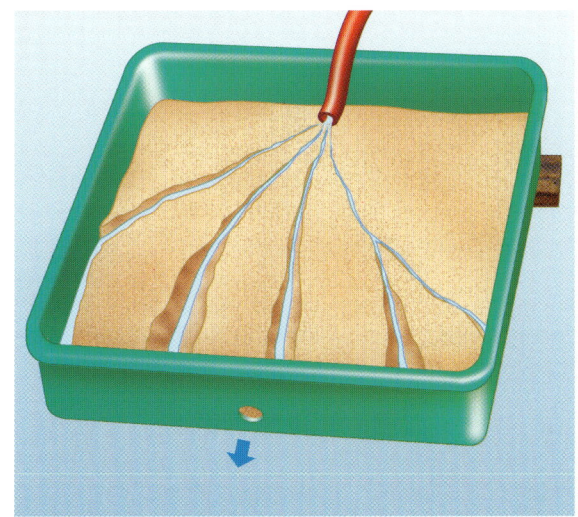

Interprétation

Le phénomène s'explique aisément : dès que le cours d'eau atteint une certaine force (proportionnelle au débit, voir l'expérience p. 46), il entraîne avec lui les grains de sable : il les enlève, les laissant en contrebas et sur les côtés. La rigole créée par l'enlèvement des grains sera d'autant plus profonde que le courant aura été fort ou aura duré longtemps. Les rigoles sont en fait des « micro-vallées », des vallées à l'état embryonnaire. Le processus d'enlèvement à l'origine de leur formation, appelé ablation*, est un phénomène hydrodynamique*.

Dans la nature

L'ablation est un phénomène universellement répandu : on l'observe sur toute surface de sol* nu en pente (un champ labouré par exemple), après de fortes pluies, ou sur une plage à marée descendante. Si les pluies sont fortes et les terrains dénudés, le résultat peut devenir catastrophique. Dans les zones arides, à végétation rare et à sol nu, les pluies, qui sont souvent torrentielles, causent des ravages très importants, surtout dans les régions à caractère montagneux. Ainsi s'explique-t-on la formation des paysages que l'on nomme en géographie *bad-lands* (« mauvaises terres »), marqués par de profonds ravinements. Ce sont, par exemple, les Terres noires dans les Alpes de Haute-Provence, au nord de Sisteron. L'érosion*, qui englobe l'ensemble des processus qui modifient les reliefs* des continents, prend naissance en partie avec le processus d'ablation.

Mots clés

• Ablation • Bad-land • Courant • Érosion • Pluie
• Ravinement • Rigole • Ruissellement • Sable •

Marques de ruissellement sur les pentes du Haut-Atlas, au Maroc.

2.4 Le rôle protecteur de la végétation

Dans les pays arides, les sols* sont dépourvus de végétation pendant la plus grande partie de l'année ; ils sont donc particulièrement sensibles aux effets du ruissellement (voir la page précédente). L'expérience ci-dessous montre a contrario comment la végétation protège le sol et empêche le ravinement. La manipulation se fait en intérieur, où elle est plus facile à mettre en œuvre.

Réalisation

1. Placez le carré de pelouse dans la cuvette, en l'ayant réduit aux dimensions exactes de celle-ci.

2. Disposez la cuvette dans l'évier (ou sur une table de travail). Donnez lui une légère pente, en plaçant la cale en bois sous un des côtés de la cuvette (**figure** a ci-dessous).

3. Placez le tuyau du côté le plus élevé de la cuvette.

4. Ouvrez doucement le robinet, en dirigeant le jet d'eau vers le côté bas de la cuvette (l'aval) : le filet d'eau s'infiltre dans le carré couvert d'herbe. Augmentez le débit d'eau jusqu'à ce que l'eau s'écoule en surface.

Le matériel nécessaire
- Une grande cuvette en plastique, rectangulaire ou carrée, de 40 cm de côté environ
- Une morceau de pelouse, prélevé dans le jardin ou acheté.
- Une cale en bois.
- Un robinet avec un tuyau

a

Résultats

La différence avec l'expérience de la page précédente est spectaculaire (**figure b**). L'eau pénètre en partie dans le sol* couvert d'herbe, ruisselle en surface, mais elle n'enlève aucune particule de terre. Toutes les variantes peuvent s'observer, selon la nature de la « pelouse » utilisée, dense ou clairsemée. Si l'herbe est très serrée, l'ablation* est nulle. On pourra également arracher quelques touffes d'herbe pour mettre davantage en valeur le rôle protecteur du couvert végétal.

b

Culture de riz en terrasses en Asie.

Interprétation

Avec cette expérimentation, on reproduit les conditions habituelles de nos climats tempérés humides, où la végétation herbacée ou arborée est abondante et forme un tapis continu, protégeant presque parfaitement les sols contre l'ablation par l'eau.
Cette expérience peut aussi servir à montrer l'effet protecteur de la végétation contre l'ablation par le vent, et compléter l'expérience p. 8 (1.1). Il suffit de remplacer le robinet par un séchoir à cheveux. On constatera que le couvert végétal protège également contre l'enlèvement des grains constituant le sol.

Dans la nature

D'une manière générale, la végétation protège les sols contre l'ablation par l'eau et par le vent, et ce, quels que soient les régions et les climats. Le déboisement, l'enlèvement des haies, l'abandon des cultures en terrasses (y compris en France) ont pour conséquence une accélération des processus d'érosion* des sols et une intensification des inondations, les eaux de ruissellement* n'étant plus retenues par le couvert végétal.
Quand, lors des glaciations* d'il y a plus de 10 000 ans, l'Europe connut un climat très froid, la végétation disparut complètement : le sol et les roches*, mis à nu, furent soumis à une intense érosion éolienne ; emportées par le vent, les poussières argileuses* et calcaires* ont formé des dépôts* appelés loess*, qui ont notamment recouvert les plateaux du Bassin parisien.

Mots clés

• Ablation • Eau • Érosion • Glaciation • Inondation
• Loess • Ruissellement • Végétation • Vent

2.5 Les marques d'affouillement

À la surface du sol*, sur le fond des rivières ou des mers, les courants d'eau laissent derrière eux des traces particulières quand surgissent des obstacles sur leur parcours. Ces marques relativement banales sont dites d'affouillement. L'expérience présentée ici permet de les reproduire. Dans ce cas, comme dans le précédent, on opère à la même échelle de temps que la nature.

Le matériel nécessaire

En intérieur
- Une cuvette en plastique de 40 x 40 cm
- 2 à 3 kg de sable fin à moyen (0,2 à 1 mm).
- 4 ou 5 galets ou pierres, de 3 à 5 cm de longueur.
- Un tuyau relié à un robinet.
- Une cale en bois.

À l'extérieur
- Un tas de sable fin à moyen
- 4 ou 5 galets ou pierres, de 5 à 10 cm de longueur.
- Un tuyau d'arrosage relié à un robinet.
- Une planche.

Réalisation

En intérieur

1. Remplissez la cuvette de sable* et aplanissez-le. Placez la cale sous la cuvette pour donner une pente au dispositif.
2. Disposez les galets en ligne ou en quinconce (**figure a**).
3. Commencez avec un jet d'eau modéré, puis augmentez progressivement le débit, jusqu'à obtenir un courant d'eau suffisamment fort pour déplacer les grains de sable. Observez.

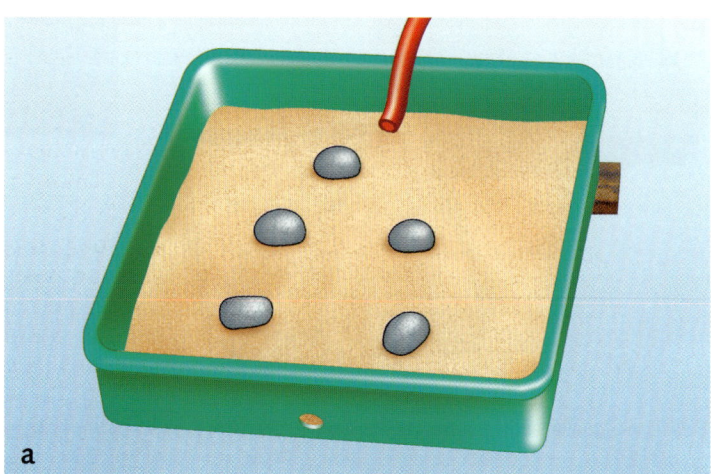

a

À l'extérieur

1. Aplanissez la surface du tas de sable, à l'aide de la planche, tout en ménageant une pente régulière.
2. Disposez les galets sur le sable puis procédez comme ci-dessus.

Marques d'affouillement et de ruissellement.

Résultats

Comme dans l'expérience p. 22, le sable est enlevé par le courant d'eau. Mais lorsque le cours d'eau atteint un galet, il est dévié. On constate alors que, au bord du galet et après l'obstacle qu'il constitue, un trou se creuse (en aval). Il est plus profond que la rigole située avant l'obstacle (en amont). Des creux apparaissent ainsi en aval de chaque galet. Au-delà de ces creux, les rigoles retrouvent leur profondeur antérieure **(figure b)**.

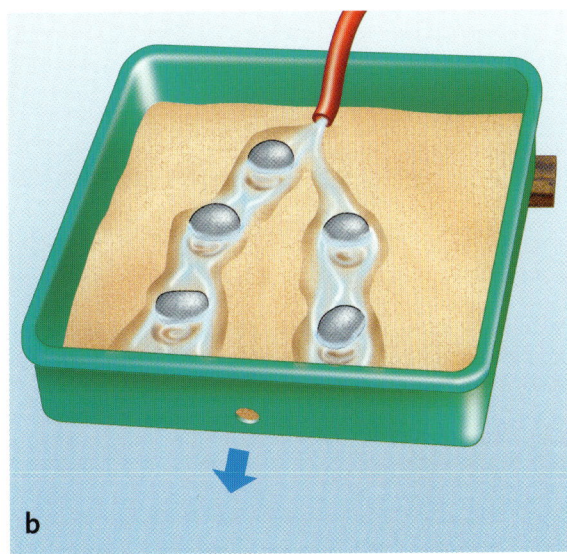

b

Interprétation

La présence d'obstacles modifie localement la force du courant (qui dépend de sa vitesse et de son débit). Pour contourner l'obstacle, le courant se divise en deux branches et perd alors de sa force : sa capacité à transporter les particules sableuses (sa charge*) se réduit.

Une fois l'obstacle franchi, les deux branches se réunissent, le courant redevient unique, retrouve sa force initiale et creuse, par ablation, un trou plus profond en amont qu'en aval de l'obstacle. C'est ce que l'on nomme une marque d'affouillement.

Dans la nature

Comme les marques de ruissellement*, les marques d'affouillement s'observent très fréquemment sur les plages à marées : un coquillage ou un galet, sur le trajet d'écoulement de l'eau, suffit à créer ces empreintes sur le sable. Les géologues les nomment également coups de gouge (on utilise aussi le terme anglais de *scour mark*).

On trouve des marques d'affouillement à l'état fossile*, dans des roches sédimentaires détritiques*, c'est-à-dire des roches formées à partir de sédiments* initialement meubles : il s'agit de mélanges consolidés d'argile et de sable, tels que ceux que l'on rencontre dans la région de Barles (Alpes du Sud en France). Les marques se forment dans la partie supérieure d'un lit* de rivière riche en minéraux argileux. Un nouvel et brusque apport de sédiments sableux vient mouler la structure en creux qui se trouve ainsi « scellée », comme si on y avait versé du plâtre. Souvent, l'objet qui a donné naissance à la marque d'affouillement a été emporté. Lors de la consolidation postérieure des sédiments, au cours des milliers de siècles, l'argile* se durcit, tout en restant une roche tendre ; le sable, lui, se transforme en grès, roche résistante. C'est en général cette partie qui est conservée lorsqu'il y a érosion : on observe donc une contre-empreinte, en relief, du creux dégagé dans l'argile, cette roche étant enlevée par l'érosion. Il faut mouler, que ce soit avec du plâtre ou de la pâte à modeler, la contre-empreinte, pour retrouver la figure initiale.

La présence de marques d'affouillement dans une couche* géologique permet de déterminer le sens local du courant qui agissait sur la roche au moment de sa formation, il y a plusieurs millions d'années.

Mots clés

• Ablation • Affouillement • Argile • Charge • Coup de gouge • Courant • Débit • Érosion • Fossile • Rigole • Sable • Scour mark • Sédiment •

2. L'eau en surface   **27**

2.6 Le creusement d'une vallée

Comment une rivière, parfois même un petit ruisseau, peuvent-ils avoir creusé une vallée profonde de plusieurs dizaines de mètres, voire davantage, dans les régions montagneuses ? Une vallée est le résultat d'une très longue histoire, qui commence avec le ruissellement* (p. 22). L'expérience proposée ici ne reproduit pas en temps réel le phénomène étudié, contrairement aux deux manipulations précédentes. Pour simuler la formation d'une vallée, il faut procéder « en accéléré », ce que l'on obtient en réduisant les dimensions.

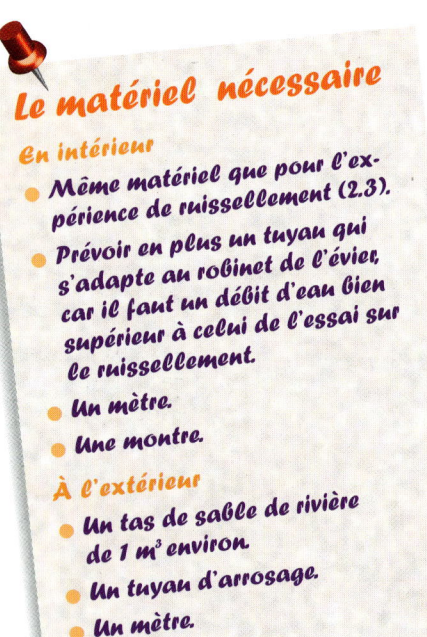

Le matériel nécessaire

En intérieur
- Même matériel que pour l'expérience de ruissellement (2.3).
- Prévoir en plus un tuyau qui s'adapte au robinet de l'évier, car il faut un débit d'eau bien supérieur à celui de l'essai sur le ruissellement.
- Un mètre.
- Une montre.

À l'extérieur
- Un tas de sable de rivière de 1 m³ environ.
- Un tuyau d'arrosage.
- Un mètre.
- Une montre.

Réalisation

La façon d'opérer est la même en intérieur et à l'extérieur.

1. Commencez par aplanir la surface du tas de sable*.

2. Ouvrez doucement l'eau. L'effet sera moins spectaculaire en intérieur, car pour éviter de boucher l'évier, il faut veiller à arrêter l'essai avant que le sable ne déborde de la cuvette.

3. Ouvrez davantage le robinet : l'eau doit couler franchement, mais ne pas sortir avec force du tuyau pour éviter un « scénario catastrophe » !

4. Chronométrez et arrêtez l'écoulement toutes les 5 minutes : à chaque arrêt, mesurez la profondeur, la largeur et la longueur de l'entaille qui s'est creusée dans le sable.

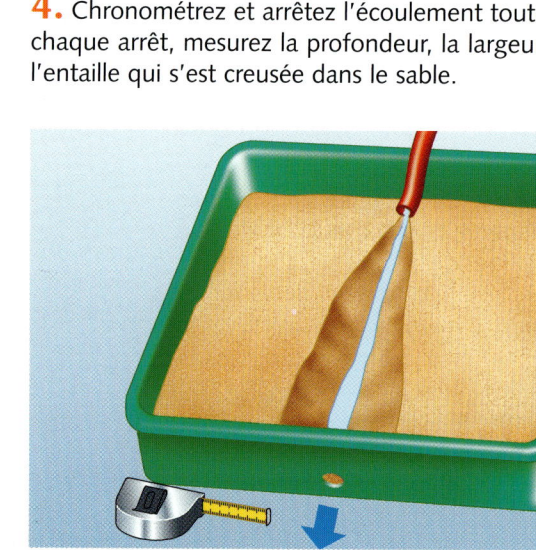

Résultats

Cette expérience est un prolongement de l'expérience sur le ruissellement : les rigoles qui se forment au début se creusent ensuite pour former des vallées en miniature. Elles sont bien plus visibles quand l'essai a lieu en plein air. Au bout de dix minutes, on peut déjà observer un profil caractéristique de vallée (**voir figure**).

Interprétation

En raison de l'augmentation de la quantité d'eau écoulée par seconde (c'est-à-dire le débit, voir p. 46) et de la prolongation du temps d'écoulement, le courant emporte une plus grande quantité de matière que dans l'expérience sur le ruissellement : l'ablation est plus importante.

Un par un, les grains de sable sont emportés du point le plus haut (l'amont : une source d'eau dans la nature, l'embout du tuyau dans le présent essai) vers le point le plus bas (l'aval). L'eau creuse ainsi le sable en amont, puis tout au long du tracé parcouru par le courant. Plus on s'éloigne de la source, plus la pente devient faible et plus la vitesse du courant diminue, de sorte que les grains finissent par se déposer ; en outre, en aval, l'eau coule sur une largeur croissante, ce qui accentue la perte de charge*. L'évolution du profil longitudinal de la « vallée » ainsi creusée est bien visible : une pente forte à l'amont, qui s'atténue vers l'aval, jusqu'à s'annuler.

En début d'expérience, les versants (ou parois) de la vallée sont presque verticaux : le courant creuse en ligne droite suivant la pente et s'enfonce dans un plan vertical. Par la suite, le déséquilibre progressif causé par l'enlèvement vertical du sable finit par entraîner l'effondrement latéral des parois, devenues trop hautes et donc instables (sous l'effet de la gravité) ; le sable des parois tombe au fond, pour être ensuite enlevé par le courant : la vallée s'est élargie. La pente des versants diminue simultanément : d'un V très fermé, on passe progressivement à un V évasé : c'est l'évolution classique du profil transversal d'une vallée jeune en une vallée sénile. Pour atteindre le stade des versants complètement usés (arasés), autrement dit le stade d'un relief* aplani ou pénéplaine, il faudrait prolonger l'essai pendant un temps très long.

Grâce aux mesures de temps et de longueurs effectuées pendant l'expérience, on peut calculer le volume de sable enlevé par unité de temps (la seconde). On peut ensuite extrapoler le temps nécessaire pour creuser une vallée de 50 km de long et profonde de 50 m, par exemple ; toutefois, on n'obtient qu'une valeur approximative, car le sous-sol* n'est rarement constitué que de sable !

Cette expérience est fondamentale pour comprendre la manière dont évoluent progressivement les reliefs sous l'action de l'eau. La principale idée à retenir est que les modifications de paysage résultent d'un enlèvement grain par grain, de façon quasi imperceptible à l'échelle de la journée ou même d'une vie humaine.

Dans la nature

Sur le terrain, et notamment en montagne, il est aisé d'observer des vallées fluviales ayant une forme en V caractéristique, plus ou moins ouverte selon leur ancienneté.

Les rivières façonnent des vallées en V, mais les glaciers taillent des vallées en U à fond plat. Ce profil typique des vallées glaciaires résulte du creusement par le glacier* qui avance en rabotant verticalement les versants et horizontalement le fond de la vallée.

Toutefois, la plupart des vallées glaciaires n'ont pas un profil en U caractéristique, car les déblais déposés en pente plus ou moins forte s'éboulent et masquent la forme des versants ; seul reste le fond plat, caractéristique du passage du glacier.

En pays calcaire, les terrains fissurés sont perméables et le ruissellement* latéral reste faible. Seul intervient le creusement du fond, par usure mécanique et dissolution (voir p. 82), ce qui fait naître des gorges (ou canyons) encaissées aux parois verticales (gorges de l'Ardèche, du Tarn, du Verdon, etc.).

Mots clés

• Ablation • Calcaire • Canyon • Charge • Courant • Débit • Glacier • Gorge • Gravité • Montagne • Pénéplaine • Rigole • Ruissellement • Vallée glaciaire • Vallée jeune • Vallée sénile •

2.7 L'érosion régressive

Quand une vallée est « installée », son histoire n'est pourtant pas achevée. L'érosion* progresse vers l'aval, comme nous l'avons observé dans l'expérience précédente. Simultanément, le déséquilibre créé en aval se répercute vers l'amont, car la nature a « horreur » des inégalités. Il en résulte le phénomène que nous allons observer ici : l'érosion dite régressive, caractérisée par l'ablation* de matière en amont de la source d'eau. Cette expérimentation n'est probante qu'à l'extérieur.

Réalisation

1. Égalisez le tas de sable*, de façon à obtenir une surface plane au sommet.

2. Faites partir du sommet quatre plans inclinés.

3. Placez le tuyau au sommet du tas, au-dessus du rebord d'un plan en pente. Faites couler l'eau doucement **(figure a)**. Observez.

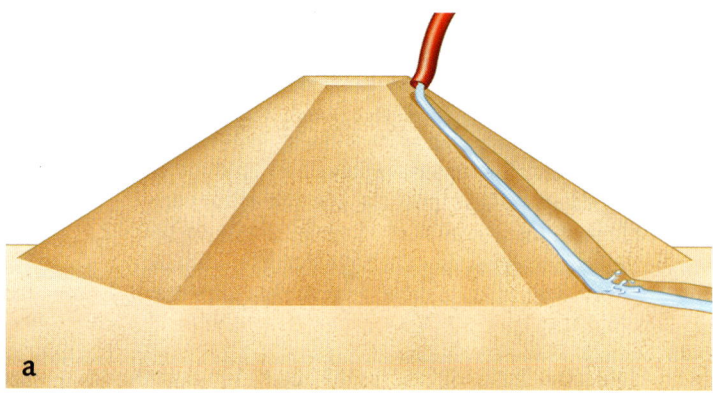

a

Résultats

En aval du tuyau, il se produit le même phénomène d'enlèvement du sable que précédemment. Regardez maintenant attentivement ce qui se passe autour de la source du cours d'eau **(figure b)**.

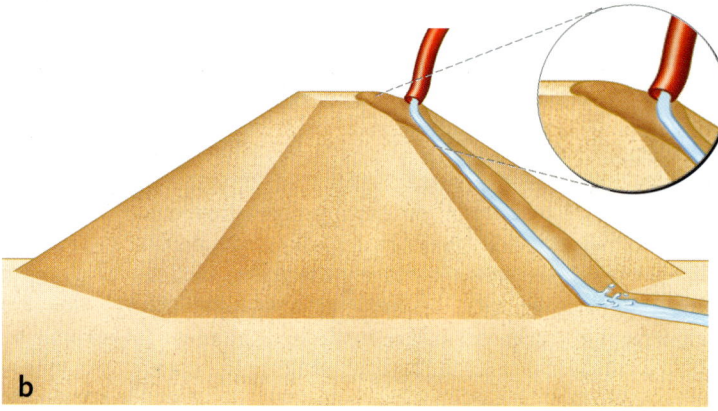

b

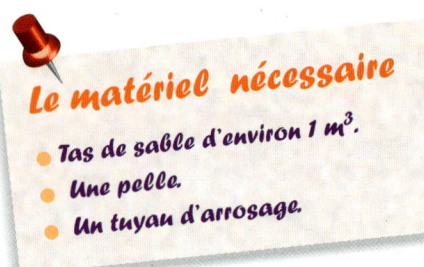

Le matériel nécessaire
- Tas de sable d'environ 1 m³.
- Une pelle.
- Un tuyau d'arrosage.

Vous remarquerez deux effets simultanés du courant d'eau :
1) les grains emportés vers l'aval sont remplacés par des grains qui tombent latéralement des bords plus élevés de la paroi ;
2) d'autres grains, provenant de l'arrière de la source, tombent dans le trou constitué après ablation : il se forme ainsi un petit cirque en amont de la source.
Si on laisse le courant agir quelque temps – environ un quart d'heure – le phénomène s'accentuera et la surface plane, modelée au sommet en début d'expérience, sera progressivement « attaquée » et commencera à dessiner une dépression dans l'axe de la vallée formée en aval.

Interprétation

L'origine du phénomène observé résulte d'une combinaison de deux effets différents : l'ablation des particules par l'eau (phénomène hydrodynamique*) et la gravité, force omniprésente. En effet, le déséquilibre créé par l'enlèvement des grains au niveau de la source doit être compensé par une arrivée de grains à partir des zones situées plus haut que celle-ci, soit sur les côtés, soit en amont. Toutes les particules sableuses, placées à une altitude supérieure à la source, finissent par descendre, sous l'effet de la pesanteur. Peu à peu, le creusement du cours d'eau commencé en aval, remonte vers l'amont, ce qui a pour effet de faire reculer progressivement la « tête » de la vallée.

Dans la nature

Dans la nature, les conditions sont souvent réunies pour que se produise une érosion dite régressive. Les eaux de ruissellement* accentuent ce phénomène naturel. En effet, les eaux de pluie (ou de fonte des neiges) se rassemblent en rigoles qui ravinent les versants du cours d'eau principal, avant de le rejoindre. Toute la surface située en amont de la source est ainsi soumise à une érosion qui fait « remonter » la dépression de la vallée, plus haut que la source. On peut le vérifier dans l'expérience ci-contre, en versant avec un arrosoir un peu d'eau en amont de la source.

Le Col du Lautaret (2 058 m) dans les Alpes.

L'évolution vers l'amont d'une vallée est cependant plus complexe qu'il n'y paraît ici, le débit de la rivière et l'emplacement de la source pouvant varier au cours du temps. L'expérience présentée ne donne qu'une image instantanée et simplifiée du processus naturel.
Dans les régions montagneuses, il arrive souvent que deux vallées se creusent de part et d'autre de la ligne de crête, selon un tracé plus ou moins rectiligne. Dans ce cas, les érosions régressives dans les « têtes » (ou parties hautes) des deux vallées conduisent à un abaissement local de la ligne de crête : c'est ainsi que se forment les cols. On peut observer une telle disposition dans tous les cols des Alpes ou des Pyrénées. S'il n'y a pas de vallée en face, la ligne de crête reste continue : il n'existe alors pas de col.

Le phénomène d'érosion régressive explique aussi la capture d'une rivière par une autre, comme le montre l'expérience suivante.

Mots clés

- Ablation • Capture • Col • Courant • Débit
- Érosion régressive • Gravité • Montagne • Pluie
- Rigole • Ruissellement • Vallée •

2.8 La capture d'une rivière

Il arrive qu'une rivière en détourne une autre. Cette capture, qui dure des années, voire bien davantage, est un événement singulier dans l'évolution des vallées. Elle est une des conséquences de l'érosion* régressive (voir précédemment). Dans l'expérience présentée ici, on agit simultanément sur deux vallées voisines. Cet essai n'est démonstratif qu'à l'extérieur, comme le précédent dont il peut être la suite. Sa réalisation est cependant délicate, car il faut bien contrôler les débits d'arrivée d'eau.

Réalisation

Deux cas sont possibles.

1. On prolonge l'expérience précédente. Dans ce cas, le plus simple et le plus pratique :
– disposez la deuxième arrivée d'eau de l'autre côté du sommet du tas de sable* déjà érodé ;
– faites couler l'eau du tuyau A à un débit plus faible que celui du tuyau B.

2. On commence l'expérience à son début. Dans ce cas :
– préparez le tas de sable comme dans l'expérience précédente, en forme de pyramide tronquée ;
– disposez, sur deux plans opposés, les deux arrivées d'eau A et B l'une près de l'autre, juste au-dessous du sommet. Faites couler l'eau, mais à des débits différents : l'eau du tuyau A doit avoir un débit plus faible que celui du tuyau B (**figure a**). Observez.

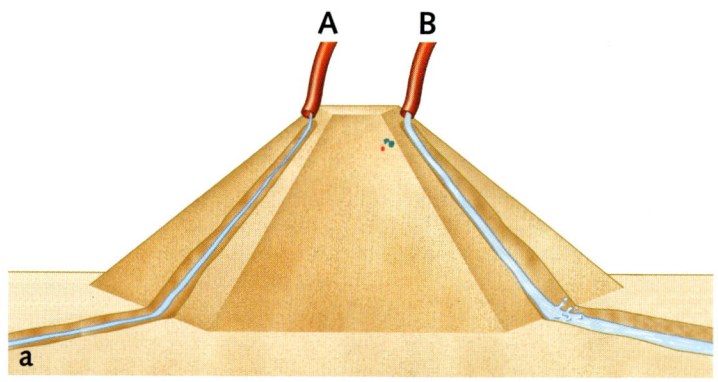

a

Le matériel nécessaire

• Identique à l'expérience précédente, mais prévoir un dispositif particulier qui permette soit de répartir l'eau en deux points de sortie séparés, soit d'établir deux arrivées d'eau distinctes.

Résultats

Comme dans les deux expériences antérieures, l'eau commence par enlever le sable, creusant deux vallées, de part et d'autre du tas de sable ; puis débute le processus d'érosion régressive. En augmentant le débit d'eau du tuyau B, on accélère ce phénomène dans la vallée B. Celle-ci se creuse plus rapidement et présente une érosion régressive plus forte que dans la vallée A : on dit de la vallée B, qui se creuse vers l'amont, qu'elle « remonte ». Au moment où le niveau de la vallée B atteint celui de l'arrivée d'eau du tuyau

A, et donc de la vallée A, les deux cours d'eau se confondent et coulent dans le même sens, dans la vallée B, où le courant est plus actif. La vallée A s'assèche et cesse alors de se creuser : elle a été capturée par la vallée B (**figure b**).

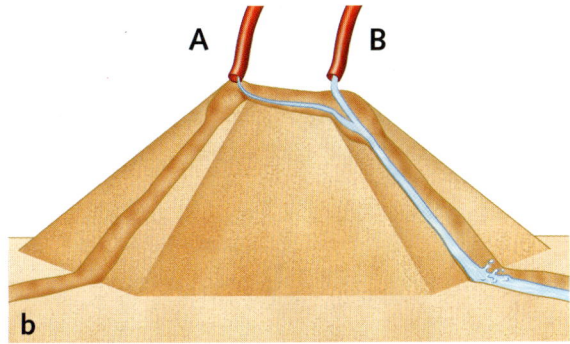

Interprétation

L'explication est exactement identique à celle de l'expérience précédente (p. 31). Mais, ici, deux érosions régressives se combinent. Celle de la vallée B « gagne » sur celle de la vallée A, car le courant, plus fort en B, entraîne plus de particules que dans la vallée A : l'érosion vers l'amont y est plus rapide. La vallée la plus profonde finit ainsi par attirer toute l'eau à elle : quand le niveau de la vallée A atteint celui de la "source" de la vallée B, l'eau s'écoule sous l'effet de la gravité vers le point le plus bas. La vallée dont le cours d'eau a le débit le plus faible cesse alors de se creuser : capturée par la vallée B, la vallée A devient une vallée morte, dont le relief n'évoluera plus en l'absence de l'agent d'érosion qu'est le courant d'eau.

Dans la nature

La capture est une modalité assez fréquente d'évolution des vallées dans la nature. Sur une carte, il est possible de repérer une capture ancienne quand une rivière dessine un coude brusque. La cause la plus fréquente d'une capture est l'existence de dénivelés importants entre deux bassins* de rivières qui sont proches de quelques kilomètres (1 à 20 km).

En France, par exemple, la Moselle a été détournée par un affluent de la Meurthe qui coulait à plus basse altitude, il y a plusieurs centaines de siècles ; la vallée morte, marécageuse, qui correspond à l'ancien cours de la Moselle se dirigeant vers la Meuse, est actuellement empruntée par un canal (Val de l'Âne) ; le coude de capture se situe à Toul.

Un autre exemple, près de Paris, est la capture du ru (petit ruisseau) des Vaux de Cernay par un affluent de l'Yvette. Initialement, le ru coulait vers l'Est-Sud-est à environ 170 m d'altitude, et empruntait le trajet actuel du ru de Prédecelle (**carte** ci-dessous). Un affluent de l'Yvette coulait du Sud vers le Nord. Quand, au cours des glaciations* du Quaternaire, le niveau de la vallée de l'Yvette s'est abaissé d'environ 70 m (pour rejoindre la Seine), l'affluent a acquis une grande force érosive ; par érosion régressive, il a creusé plus vite sa vallée vers l'amont et rejoint le cours du ru qui coulait sur le plateau. La capture est assez récente car le profil en long de la vallée n'est pas encore équilibré, comme en témoigne l'existence de cascades au niveau du coude de la rivière.

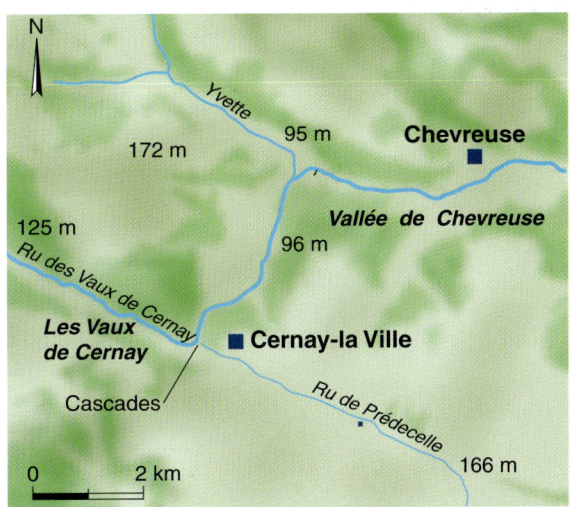

Mots clés

• Bassin • Capture • Courant • Débit • Érosion régressive • Gravité • Rivière • Vallée morte •

2.9 Un cône de déjection

Au débouché d'un torrent de montagne*, il est fréquent de trouver un « cône de déjection ». Comme son nom l'indique, cette structure en éventail, élargie vers le bas, est constituée de matériaux enlevés puis déposés par le torrent.
Un cône de déjection se forme à l'endroit où le torrent perd de sa vitesse, lorsque l'eau atteint le fond peu pentu de la vallée, après avoir dévalé en pente forte. On peut reproduire aisément ce phénomène ; l'expérimentation sera plus facile en conditions d'extérieur.

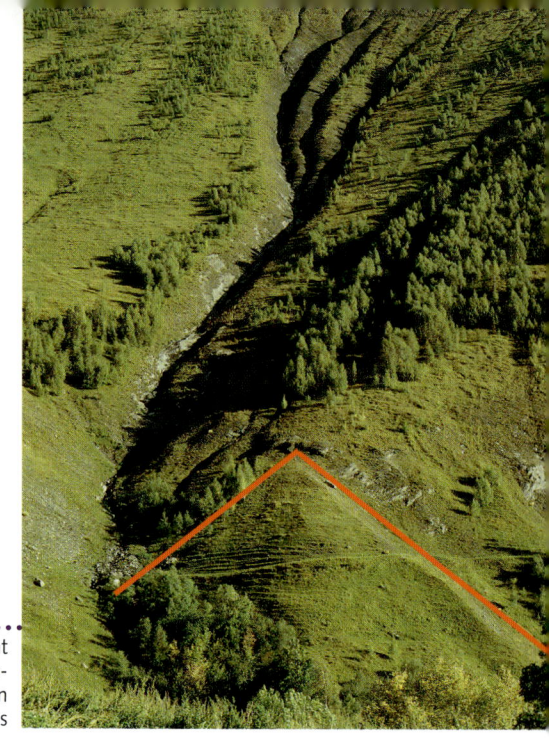

Marques de ruissellement (en haut) et cône de déjection (en bas), dans la région de Besse en Oisans

Le matériel nécessaire
- Un tas de sable d'environ 1 m³.
- Une pelle.
- Un tuyau d'arrosage relié au robinet de jardin.

Réalisation

La partie la plus délicate est la préparation du « terrain ».

1. À l'aide de la pelle, creusez une gouttière étroite à partir du sommet du tas de sable* en lui donnant une forte pente (environ 30° à 45°) : l'amont doit se situer à environ 50 cm au-dessus de l'aval, la longueur totale de la gouttière étant un peu plus longue.

2. Au débouché de la gouttière, aplanissez le sable sur une surface de 1 m² environ.

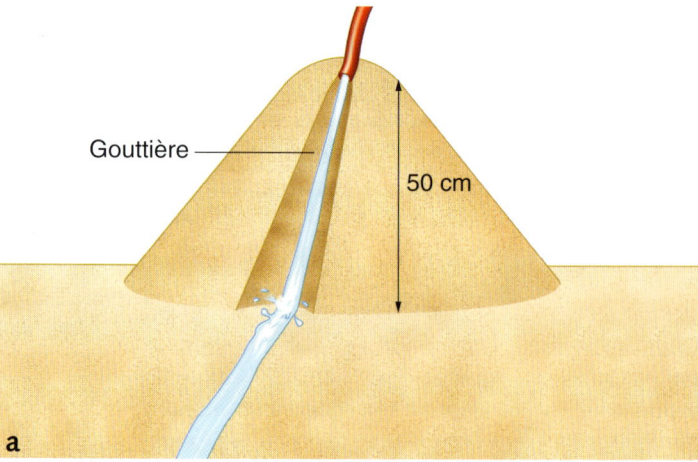

a

3. Faites couler de façon continue l'eau avec un fort débit pour que l'expérience soit réussie (**figure a**). Observez.

Résultats

Comme dans l'expérience sur le ruissellement* (p. 22), l'eau enlève le sable sur le fond et les parois de la gouttière, mais avec davantage de vitesse et de force. Arrivée en bas de la gouttière, l'eau abandonne sur place toutes les particules qu'elle entraînait dans le tronçon très en pente du tas de sable. Les grains s'accumulent alors dans la « plaine » pour former un tas de sable conique (**figure b**). Plus on prolongera l'expérience, plus le cône s'allongera.

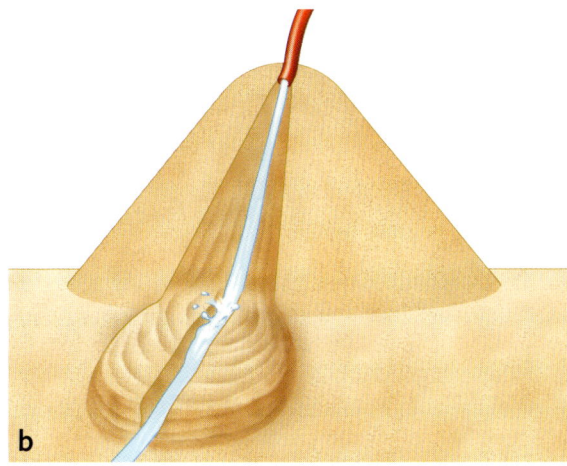
b

Interprétation

Le débit de l'eau est constant. La vitesse de l'eau, en revanche, varie en fonction de la pente par effet de la gravité. La puissance érosive de l'eau varie d'autant. Ainsi, dans la partie de la gouttière en pente forte, l'eau descend rapidement, enlevant nombre de particules (processus d'ablation*) puis les emportant. Quand l'eau atteint la zone aplanie, la vitesse de l'eau chute brusquement ; dès lors, le courant ne peut plus transporter autant de sable que dans la zone en pente et sa charge* diminue : les grains se déposent sur place et s'accumulent.
Pourquoi une forme en cône ? Lorsque le courant d'eau subit une brusque diminution de vitesse, à son arrivée sur le fond plat, il dépose toute sa charge ; le tas formé est à peu près circulaire puisque le ralentissement est, en principe, le même dans toutes les directions. La forme en demi-cercle qu'il prend ne s'observe qu'en tout début d'expérience. Puis, le courant d'eau a continué à déposer des particules vers l'aval, de part et d'autre de son cours, même si sa charge a diminué ; le tas s'allonge alors dans l'axe du courant jusqu'à former un cône. On observera que les particules les plus grosses se trouvent près du changement de pente et là où le courant est le plus fort : il s'est produit un phénomène naturel de granoclassement* (voir p. 48).

Dans la nature

Dans la nature, la formation d'un cône de déjection se produit exactement de la même façon : seules changent les dimensions. Observez les cours des torrents, situés sur les versants à très forte pente des vallées de montagne ; vous constaterez qu'à leur arrivée dans la plaine, à leur débouché, ils se terminent très souvent par un monticule de forme à peu près conique : c'est le cône de déjection (voir la **photo**).
En période de crue, au printemps, les cours d'eau sont animés par un courant fort ; ils transportent une grande quantité de sédiments* grossiers, mélange de pierres, de gravier et de boue. À leur arrivée dans une vallée à fond plat, en U, d'origine glaciaire* (voir p. 28), leur charge décroît brusquement ; ils abandonnent une grande partie de ces sédiments. Quelque temps après, en période estivale, le cône est lui-même creusé par le courant d'eau dont le débit est devenu plus faible.
Les cônes de déjection s'observent dans les grandes vallées glaciaires des Alpes : Romanche (Oisans), Arve (Chamonix), etc. Ils sont en outre signalés sur les cartes topographiques de l'Institut Géographique National (IGN), à l'échelle de 1/25 000. Notons que si les villages de montagne ne sont jamais situés aux débouchés des torrents, c'est parce que les variations de débit peuvent être dangereuses et entraîner le dépôt de masses importantes, aux effets parfois dévastateurs.

Mots clés

• Ablation • Charge • Cône de déjection • Courant • Débit • Gravité • Granoclassement • Montagne • Ruissellement • Sable • Sédiment • Torrent • Vallée à fond plat • Vallée glaciaire •

2.10 Les méandres

Une rivière ou un fleuve sont rarement rectilignes. Ils divaguent, suivant un cours tortueux, tantôt vers la droite, tantôt vers la gauche. Les sinuosités qu'ils dessinent sont même parfois étonnamment régulières. On les appelle des méandres, du grec *Maiandros*, un fleuve côtier et sinueux de l'actuelle Turquie occidentale (appelé aujourd'hui Menderes).

Les méandres sont fréquents en plaine. Mais on les rencontre aussi dans les hautes vallées de montagne* à fond plat. Un méandre présente deux rives aux reliefs* contrastés, l'une surélevée, la rive concave*, l'autre basse, la rive convexe*. Il est simple de créer un méandre, mais la manipulation sera plus facile en extérieur.

Réalisation

Deux cas sont possibles.

Soit on poursuit les expériences des pages 28 (réalisée à l'extérieur) et 34. L'eau ayant, dans son « cours » inférieur, déjà façonné le profil plat de la vallée, il suffit alors de prolonger l'écoulement d'eau et d'observer le résultat.

Soit on part de zéro, avec un nouveau tas de sable. Dans ce cas, imprégnez-le d'eau avant de commencer l'expérience. Préparez ensuite le terrain pour favoriser le développement d'un méandre :

1. Inclinez la plaque à l'aide d'une cale (on pourra faire varier la pente de la plaque, mais elle doit rester inférieure à 5°).

2. Étendez le sable sur la plaque ; son épaisseur doit être comprise entre 10 cm et 20 cm. Aplanissez-le parfaitement.

3. Faites couler l'eau depuis le haut, en dirigeant le jet dans une direction différente de la plus grande pente de la plaque.

Le matériel nécessaire

- Un tas de sable d'environ 1 m³ ; on peut le mélanger à de l'argile.
- Une pelle.
- Une cale en bois.
- Un tuyau d'arrosage.
- Une plaque rigide d'au moins 1,5 m sur 1,5 m.

Vue aérienne de méandres.

Résultats

Portez votre observation sur le trajet de l'eau dans la zone plane. On constate que, sur une surface de pente presque nulle, le cours d'eau serpente, créant une ligne sinueuse, autrement dit un méandre. Sous l'effet de la force du courant, le cours d'eau avance en déblayant le sable devant lui, comme dans les précédents essais, mais d'une façon particulière : d'un côté, il creuse une rive et crée un petit relief, de l'autre, il abandonne le sable transporté. La première rive surélevée est dite concave ; la seconde rive basse est dite convexe.

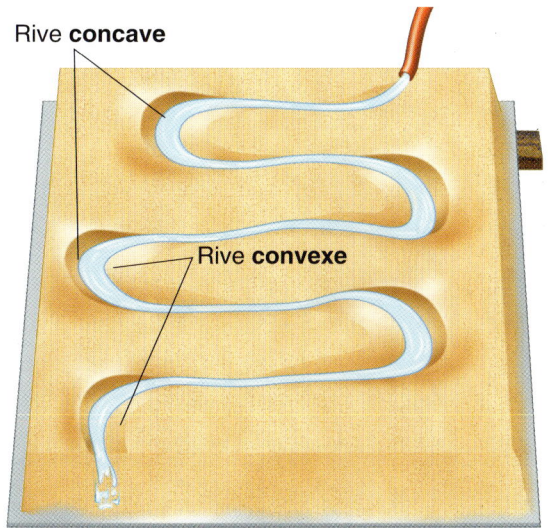

Interprétation

Quand la pente est forte, l'eau s'écoule avec une certaine vitesse en ligne droite, dans le sens de la plus grande pente. Lorsque le courant atteint une zone de pente faible, il poursuit sa course dans la même direction tout en perdant de sa vitesse. Si la direction de la pente change, il commence à creuser un méandre, par le jeu combiné de sa force et de celle de la gravité. C'est ce qui se produit lorsque l'eau débouche dans une vallée dont la pente a une direction différente de celle du courant initial.
Que se passe-t-il ensuite et comment expliquer l'inégalité des rives opposées ? Quand l'eau arrive en droite ligne sur l'une des rives, elle possède une force suffisante pour creuser la rive ; une petite falaise apparaît : subissant l'érosion* de l'eau, la rive concave se forme. Puis le courant « rebondit » sur cet obstacle en perdant de sa vitesse. Il parvient ainsi sur le côté opposé avec une force réduite. Le cours d'eau abandonne alors une partie de sa charge*, constituée des matériaux arrachés sur la rive concave : une rive convexe en pente douce se forme par dépôts* successifs. Les méandres, avec leur alternance de rives basses et hautes, résultent ainsi d'un processus continu d'érosion, de transport et de sédimentation*. Leur origine est une nouvelle fois due aux variations de la force du courant, provoquées ici par les différences de vitesse de l'eau.

Dans la nature

En terrain meuble*, beaucoup de rivières ou fleuves présentent un tracé sinueux. Les exemples les plus spectaculaires, en France, se trouvent dans la vallée de la Seine, entre son embouchure et Paris. Ainsi, en Normandie, les falaises de craie des rives concaves contrastent avec les plaines basses remplies d'alluvions* (plaines alluviales) des rives convexes.
Les méandres se rencontrent aussi sur le cours des rivières de montagne. L'explication tient, comme nous l'avons déjà vu, au fond plat des vallées de montagne en U, d'origine glaciaire* (voir pp.28-29) ; on se trouve exactement dans les conditions de l'expérience ci-dessus : malgré la haute altitude (1 000 m ou plus), le fort courant d'eau crée des méandres en arrivant dans le val à fond plat.
Avec le temps, le lit* d'un cours d'eau change de forme et il arrive que, peu à peu, les boucles se rapprochent, jusqu'à se refermer au niveau de deux coudes : le lit devient alors localement rectiligne, abandonnant sur le côté le méandre, qui devient un « méandre mort ».

Mots clés

• Alluvion • Charge • Courant • Érosion • Gravité •
Méandre • Montagne • Rive concave • Rive convexe •
• Rivière • Sable • Sédimentation • Vallée glaciaire •

2.11 Un delta

Photo satellite du delta du Gange, Bangladesh.

Delta est le nom donné à la quatrième lettre de l'alphabet grec, qui, écrite en majuscule, a la forme d'un triangle.
À leur arrivée dans la mer (ou dans un lac), certains fleuves (ou rivières) se divisent en plusieurs bras et déposent leurs sédiments* dans une zone de forme triangulaire, d'où le nom de delta donné à cette zone.
Avec la formation d'un delta, s'achève le cycle de l'eau* en surface, quand l'eau se jette dans les étendues marines (ou lacustres).
La réalisation de cette expérience est conseillée à l'extérieur.
Elle peut être conduite à la suite des expériences précédentes, puisqu'elle illustre l'aboutissement du trajet des cours d'eau, des hautes vallées jusqu'à la mer.

Le matériel nécessaire

- Un tas de sable d'1 m³ environ
- Une pelle.
- Un tuyau d'arrosage.
- Une plaque rigide.

Réalisation

1. En contrebas du tas de sable*, sur la partie plane, enfoncez la plaque rigide dans le sable, de sorte que le courant soit ralenti (elle ne doit cependant pas trop dépasser).

2. Pour le reste, procédez comme pour les expériences précédentes. Le tuyau doit créer un courant d'eau à débit moyen et constant (**figure a**). Observez ce qui se passe dans la partie basse du « cours d'eau ».

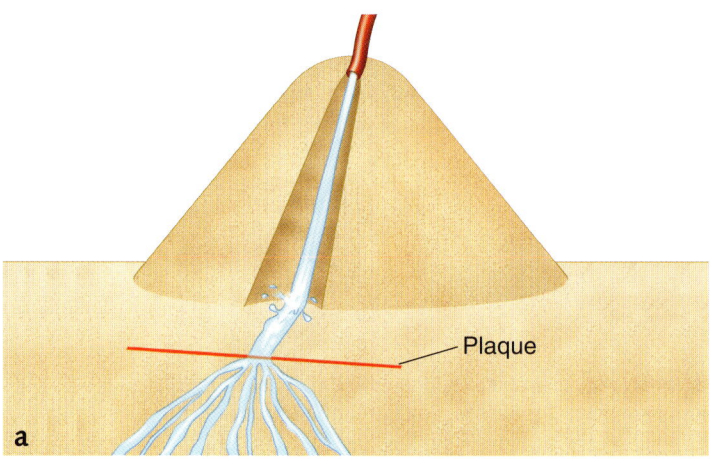

a — Plaque

Résultats

Quand le cours d'eau atteint son « embouchure », ici le rebord de la plaque, le sable transporté par le courant s'étale dans le « bassin ». Progressivement, il se dispose en dessinant un triangle élargi vers la partie aval (**figure a**).
On constate aussi que le courant continue à entraîner des grains de sable et que son tracé varie au cours de l'expérience. Peu à peu, naît un réseau « chevelu », plus ou moins complexe, qui dessine des sortes de tresses, comportant des bras vifs et des bras morts, selon que l'eau y coule ou non. On l'observera d'autant mieux qu'on laissera l'eau agir un quart d'heure ou plus.

Interprétation

La constitution d'un delta s'apparente à celle d'un cône de déjection (voir p. 34). Leurs formes sont d'ailleurs très semblables. Les deux structures résultent du même phénomène, celui de la perte de charge*. Dans le cas du delta, le courant du fleuve subit, en arrivant dans le bassin, une chute brutale de sa vitesse, ce qui provoque une réduction de sa capacité de transport et le dépôt d'une partie du sable « en trop » par rapport à cette capacité. Les particules les plus grossières du sable se déposent en premier. Plus le courant avance et se perd dans le bassin, moins il peut transporter de matériaux : les particules plus fines sont alors abandonnées. Le phénomène se propage très vite vers l'aval (en quelques minutes) et cesse quand le courant n'a plus aucune vitesse.

Le delta se constitue de part et d'autre de l'embouchure. En fonction des variations du débit (périodes alternatives de crue* et d'étiage*), que l'on peut reproduire dans l'expérience en manipulant le robinet, son tracé change. Le réseau chevelu correspond, lui, aux déplacements aléatoires de l'écoulement du courant : le sable, en se déposant, crée un barrage et dévie le courant vers un autre chenal* d'écoulement, soit à droite soit à gauche.

Dans la nature

Les deltas prédominent dans les mers, sans marées, en particulier la Méditerranée et ses « appendices » (Adriatique, Mer Noire). En France, la Camargue occupe le delta du Rhône. En Égypte, le Nil a donné naissance à un gigantesque delta, qui va du Caire à Alexandrie, soit 180 km ; il se poursuit en mer sur environ 100 km et s'étend sur 250 km d'est en ouest.

Comment expliquer, à l'inverse, l'absence de deltas dans les mers avec marées ? Par le fait que les courants créés par le flux et le reflux entraînent au large la charge solide des fleuves. Toutefois, de grands fleuves tropicaux, comme l'Indus et le Gange, en Asie, transportent des quantités de sédiments tellement énormes (2 milliards de tonnes par an pour le Gange) qu'ils forment des deltas à leur embouchure, malgré l'existence de marées. Le delta du Gange couvre une large partie du Bangladesh (720 000 km^2) et se prolonge d'environ 2 000 km sous l'Océan Indien (Golfe du Bengale) ; l'Indus a un delta sous-marin de même dimension dans la mer d'Oman (voir **figure b**).

Dans l'histoire de la Terre, les deltas ont été d'une très grande importance. Quand régnaient des climats très humides, de nombreux fleuves s'apparentaient alors aux fleuves tropicaux actuels. D'énormes quantités de sédiments se sont ainsi accumulées durant des millions d'années. Certains recèlent des trésors, à l'exemple des gisements pétrolifères du Sahara, déposés dans une mer d'il y a 400 millions d'années (Paléozoïque*), et piégés dans des couches* de sable consolidé* (ou grès*). Les formations deltaïques fossiles* sont d'ailleurs très recherchées par les pétroliers, car ce sont d'excellentes roches-magasins* capables de retenir le pétrole (voir p. 74).

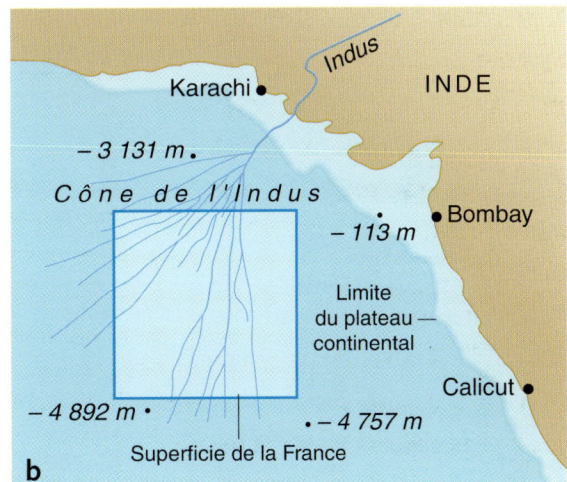

b

Mots clés

• Bassin • Charge • Chenal • Cône de déjection • Courant • Delta • Dépôt • Embouchure • Fleuve • Fossile • Gisement • Grès • Mer • Pétrole • Roche-magasin • Sédiment •

2.12 Les sables mouvants

Au bord d'une plage ou d'un marais, il arrive que nos pieds s'enfoncent brusquement, alors que la surface du sol* avait paru solide jusqu'alors. La même mésaventure peut se produire dans tous les endroits imbibés d'eau, voire sur des chemins très humides. Elle peut conduire jusqu'à l'enlisement de la personne prise au piège. C'est le phénomène bien connu des sables mouvants, dont le nom scientifique est « thixotropie ». Nous nous contenterons ici d'un essai purement démonstratif et sans aucun danger. L'expérience se mène aussi bien en intérieur qu'à l'extérieur, dans un jardin ou en bord de mer.

Le matériel nécessaire

En intérieur
- 2 à 3 kg de sable très fin, de type sable de plage, mélangé d'argile.
- Une bassine ou une cuvette.
- Eau en quantité suffisante.

À l'extérieur

Dans un jardin
- Un tas de sable très fin
- Quatre planches ou un grand récipient.
- Une bâche en plastique.
- Eau en quantité suffisante.

Au bord de la mer
- Choisir une zone humide ou des creux d'eau laissés par la marée (appelés « bâches » dans la région de Picardie).

Réalisation

En intérieur

1. Placez le sable* dans la cuvette et imprégnez celui-ci progressivement d'eau. Testez régulièrement, avec les doigts, le degré de résistance du sable.

2. Arrêtez l'addition d'eau, quand, sous l'effet de la pression exercée par le doigt, le liquide se sépare du sable (**figure a**).

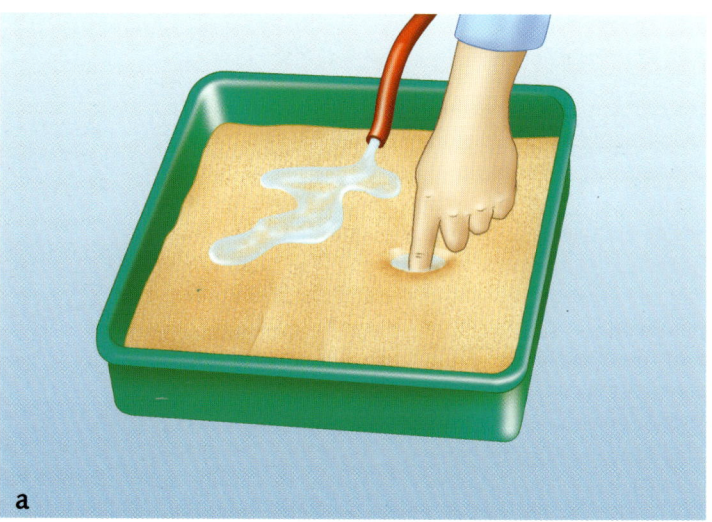

a

Dans un jardin

1. Réunissez les quatre planches pour former une enceinte. Posez-la sur la bâche imperméable puis remontez les bords de la bâche.

2. Remplissez ce volume de sable et versez de l'eau pour imbiber celui-ci. Vérifiez, à l'aide du pied ou de la paume de la main, la résistance et la consistance du mélange eau + sable.

3. Arrêtez l'addition d'eau quand le liquide se sépare du sable sous l'effet de la pression exercée par le doigt ou le pied.

Au bord de la mer

Ici, la nature a tout préparé d'avance ! Il suffit de faire pression, avec les pieds, dans les endroits humides, pour déclencher le phénomène de sables mouvants.

Résultats

Le phénomène n'est pas spectaculaire dans les conditions d'intérieur. Au début de l'essai, l'eau pénètre dans le sable. Puis, brusquement, le sable devient liquide. Cette liquéfaction brutale du mélange sable + eau définit la thixotropie. Il n'est pas possible de préciser ici la quantité exacte d'eau qu'il convient d'ajouter, car tout dépend de la granulométrie du sable utilisé. Par essais successifs, vous parviendrez à trouver la bonne proportion d'eau par rapport à la quantité de sable.
En bord de mer, les variations de pression des pieds sur le sable mouillé produisent rapidement la liquéfaction de la zone remuée et l'enfoncement – de quelques centimètres – de l'expérimentateur !

Interprétation

L'explication du phénomène se situe à l'échelle des grains de sable. Quand le sable argileux* est suffisamment imbibé d'eau, chaque grain est entouré d'une pellicule liquide qui retient le grain voisin : c'est le phénomène physique de capillarité* (mot qui vient de « capillaire » : cheveu, car ce phénomène agit à petite échelle).

À l'état statique, c'est-à-dire quand on ne remue pas le milieu, les grains de sable sont ordonnés dans un réseau régulier, sous l'effet de la capillarité.

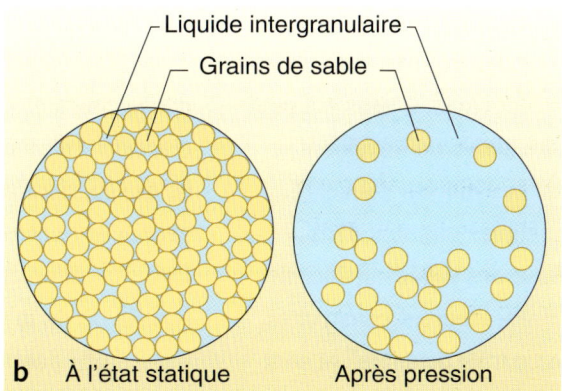

b À l'état statique — Après pression

Sous l'effet de la pression, qui crée un état dynamique, il y a rupture des liaisons capillaires entre l'eau et les grains ; ceux-ci se regroupent et le liquide surgit d'un coup, d'où l'impression de liquéfaction quasi immédiate, observée dans la manipulation (**figure b**).

Dans la nature

Tout sédiment* gorgé d'eau (sable, vase, etc.) peut devenir liquide sous l'action d'une agitation mécanique. Le passage d'une personne (un objet) sur un terrain imbibé d'eau produit une brusque modification de la résistance du sol. Le poids et le mouvement entraînent la liquéfaction du sédiment et l'enfoncement ou l'enlisement, de la personne (l'objet). Les sables mouvants se rencontrent dans toutes les zones marécageuses, si le sol y est suffisamment humide. Il arrive, en effet, que l'on puisse passer sans difficulté, en période de sécheresse, dans un lieu, et s'y enliser en saison humide. À la fin de l'hiver, il est ainsi fréquent que des routes non empierrées et imbibées d'eau deviennent impraticables, tout ébranlement mécanique provoquant alors le phénomène de la thixotropie

Mots clés

- Argile • Capillarité • Enlisement • Liquéfaction
- Mer • Sable • Sable mouvant • Sédiment • Sol
- Thixotropie •

2.13 Un glissement de terrain

Lors des expériences précédentes, il vous est peut-être arrivé un « accident » : après avoir fait couler l'eau quelques minutes dans l'une des vallées artificielles soigneusement construites, les parois de sable* se sont écroulées d'un seul coup. Le sable effondré a formé un petit barrage, à son tour rapidement détruit par le courant. Ce type d'accident illustre parfaitement ce qui survient parfois en grandeur réelle dans la nature, lors d'un éboulement de terrain ou de la formation d'une faille panaméenne (voir p. 44). Un glissement de terrain est un décrochement brutal d'une partie du sol* qui glisse vers le bas. La pluie, la pente et la nature du sol favorisent ce processus. On peut reproduire en modèle réduit cet accident naturel, qui tourne parfois à la catastrophe.

Réalisation

Procédez comme pour l'expérience sur le creusement d'une vallée (p. 28), de préférence à l'extérieur. En modifiant le débit de l'eau, on constatera les effets de ces variations, sur des périodes plus ou moins longues. Avant le début de l'expérience, imbibez la masse du sable formant les versants de la vallée **(figure a)**.

Le matériel nécessaire

- Exactement le même que dans les expériences 2.6 et suivantes, en conditions d'extérieur, où la mise en œuvre est plus efficace.
- Un arrosoir.

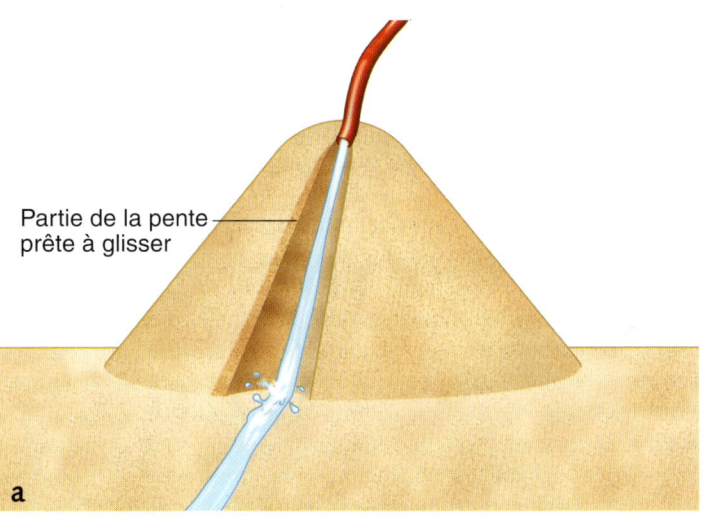

Partie de la pente prête à glisser

a

Résultats

Lorsque le courant a déblayé une masse de sable suffisante pour créer des dénivelés de 20 cm à 30 cm, entre le sommet des parois et le fond de la « vallée », les versants mouillés commencent à présenter une certaine instabilité. Des cavités se creusent à leur base, jusqu'à ce qu'une certaine masse de sable glisse le long des parois : on vient de reproduire en miniature un glissement de terrain. Le phénomène peut être amplifié en augmentant brusquement le débit d'eau (**figure b**).

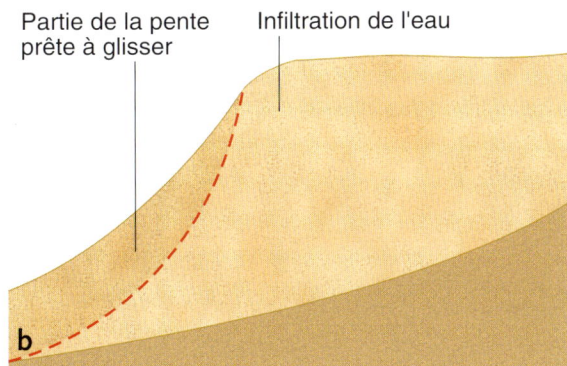

Dans la nature

Très fréquents dans les zones de montagne, lorsque la pente est supérieure à 30°, les glissements de terrain s'apparentent à ce que nous venons d'expérimenter. Toutefois, il est rare que les versants d'une montagne soient faits de sable ! Dans les circonstances naturelles, le glissement de terrain est bien provoqué par des pluies abondantes et le phénomène s'amorce par une imbibition du terrain. Quand le sous-sol argileux* du versant de la montagne est gorgé d'eau, c'est tout un pan de terrain qui se détache et glisse, non pas grain par grain comme dans les conditions de notre manipulation. Il emporte avec lui constructions et édifices : routes, maisons, etc. Le glissement de terrain est un risque naturel banal, dont les conséquences peuvent être dramatiques si les mesures réglementaires limitant la construction ne sont pas respectées dans les zones définies comme étant « à risque ». Une forte pente, un mauvais drainage, la présence de couches argileuses intermédiaires ("couches savon") favorisent le glissement de terrain.

Interprétation

Les résultats observés relèvent de l'hydrodynamique* et de la gravité. Le ruissellement* enlève, à chaque instant, des particules sableuses dans la partie la plus basse du dispositif, là où coule l'eau. Le creux ainsi créé est immédiatement comblé par l'arrivée de nouvelles particules, situées au-dessus des précédentes, et qui tombent par effet de gravité. Quand l'ablation* a créé un creux important dans le sable, le rebord de la vallée se trouve en déséquilibre et le pan de sable en surplomb glisse brusquement sur lui-même. Ce phénomène se propage jusqu'à l'endroit de la vallée où la pente des versants s'atténue. C'est la zone d'équilibre dite du profil en travers les bords de la « vallée » se sont élargis et n'ont plus qu'une pente de 10° à 20°, ce qui n'est plus suffisant pour provoquer un glissement.

Glissement de terrain à la Salle-en-Beaumont (Isère), le 9 janvier 1994.

Mots clés

- Ablation • Argile • Glissement de terrain • Gravité
- Montagne • Pluie • Risque naturel • Ruissellement
- Sous-sol • Vallée •

2.14 Une faille panaméenne

Une faille* panaméenne est un phénomène voisin du glissement de terrain par son résultat : l'effondrement des versants d'une vallée. Son origine est toutefois différente : elle est due à l'intervention humaine et non uniquement à des phénomènes naturels. Son nom provient de Panamá, un pays d'Amérique centrale, car c'est lors du creusement du canal du même nom, qui relie l'Atlantique au Pacifique à travers le Panamá, que ce type de catastrophe s'est produit.

Réalisation

1. Dans le tas de sable, réalisez le tracé d'un canal : créez, à l'aide de la pelle, une double falaise verticale ou à flancs très redressés, partant à angle droit, sur 40 cm de haut environ.

2. Dans le sable constituant l'un des flancs du canal, faites arriver très lentement et doucement l'eau, pour imbiber progressivement le sable (**figure a**). Veillez à ne pas provoquer de ruissellement*. Observez.

a

Résultats

Au bout de plusieurs minutes, le sable est gorgé d'eau. Soudain, tout un pan de la falaise verticale s'écroule de manière oblique, en formant un angle de 60° à 70° (voir **figure b** page de droite). Si le sable est assez compact, c'est-à-dire s'il comporte une certaine proportion d'argile*, la masse glisse en entier vers le bas. Dans un premier temps, elle le fait sans se désagréger. Cette disposition ressemble à ce qu'on nomme une faille*, c'est-à-dire un déplacement et une rupture de couches* géologiques. C'est pourquoi on a nommé ce type de phénomène du nom de « faille » panaméenne.

Le matériel nécessaire

- Tas de sable d'environ 1 m³.
- Argile.
- Pelle.
- Arrosoir.

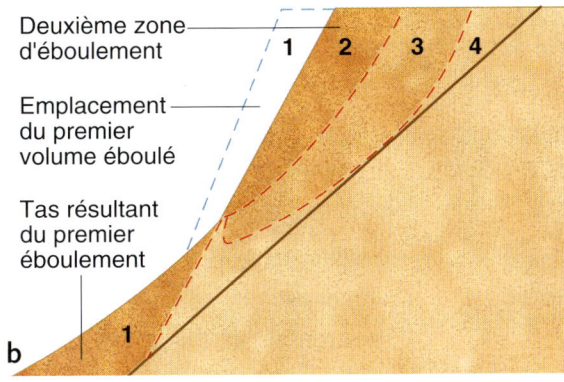

On peut et on sait maintenant éviter ce genre d'accident en calculant les pentes bordant les ouvrages d'art en déblai, c'est-à-dire creusés sous la surface d'origine du sol*. On observera cependant ici ou là ce genre d'accidents, le long de routes ou d'autoroutes dont la construction a nécessité le creusement d'une tranchée.

Pour prévenir de telles catastrophes lors des grands travaux de construction (barrages, immeubles, voies de communication, etc.), il est impératif de tenir compte de la nature du sous-sol et des modifications apportées à la circulation naturelle de l'eau en profondeur.

Interprétation

Le creusement artificiel de versants très redressés, voire quasi verticaux, crée un déséquilibre dû à la gravité. Cet équilibre instable pourrait subsister quelque temps, une ou deux heures à l'échelle de l'expérience. Mais le changement d'état du sable, produit par l'imbibition progressive d'eau et sa lente circulation entre les grains, accélère le déséquilibre. Toute une masse de sable, « alourdie » par l'eau, s'effondre du côté de l'escarpement, sur une épaisseur variable en fonction du grain du sable. L'effondrement se fait en masse, et non par glissement par en dessous, comme dans l'expérience précédente.

Dans la nature

Contrairement au glissement de terrain, qui est un phénomène naturel, la formation d'une faille panaméenne (ou panamienne) est due à l'intervention humaine qui, lors des grands travaux de génie civil, crée des déséquilibres dans le milieu naturel. Dans la nature, les choses évoluent lentement et sont constamment soumises à compensation, nous avons pu le vérifier en accéléré dans nombre d'essais précédents. L'activité humaine est beaucoup plus rapide et ne laisse pas le temps au réajustement ou au rééquilibrage. Rappelons que cet accident survint pour la première fois lors du creusement d'un canal, dans une région tropicale où les pluies sont fréquentes, ce qui facilita et accélèra le processus.

Mots clés

- Argile • Canal • Déblai • Faille • Faille panaméenne
- Falaise • Génie civil • Glissement de terrain •
- Gravité • Pluie • Sable • Sous-sol •

Dessin humoristique paru en 1902, à l'époque du creusement du canal de Panama

2. L'eau en surface

2.15 La mesure du débit

Tous les cours d'eau à la surface de la Terre* n'ont pas le même débit.
Les fleuves déplacent généralement d'importantes quantités d'eau, ce qui n'est pas le cas des ruisseaux.
Dans certains régions, le débit est également fonction des saisons, selon l'importance des précipitations.
Le débit est une notion de physique permettant de mesurer la quantité de fluide — ici l'eau, fluide principal à la surface du globe — écoulée pendant un temps donné.
Le débit est un paramètre essentiel dans le processus d'érosion* car plus le débit d'un cours d'eau est important, plus les effets de celui-ci sur le relief* seront marqués.
L'expérience présentée ici est destinée à bien cerner la notion physique un peu abstraite de débit. Nous aurions pu procéder de même avec le vent, mouvement de fluide gazeux, mais la réalisation est plus difficile.

Réalisation

1. Placez le récipient gradué sous le robinet ; ouvrez celui-ci et déclenchez en même temps le chronomètre (mis à zéro !).

2. Laissez couler l'eau jusqu'à une graduation entière du récipient mesureur ou jusqu'à ce que la bouteille soit pleine ; on arrête le chronomètre en même temps que l'on ferme le robinet.

3. Notez sur la feuille la quantité d'eau écoulée et le temps d'écoulement.

4. On peut recommencer la manipulation en ouvrant plus ou moins le robinet et en notant à chaque fois la quantité écoulée et le temps correspondant.

Le matériel nécessaire

- Un robinet.
- Un récipient gradué (verre mesureur ou tube à pied gradué) ou une bouteille d'un litre.
- Un chronomètre (ou montre à chronomètre).
- Une feuille de papier et un crayon.

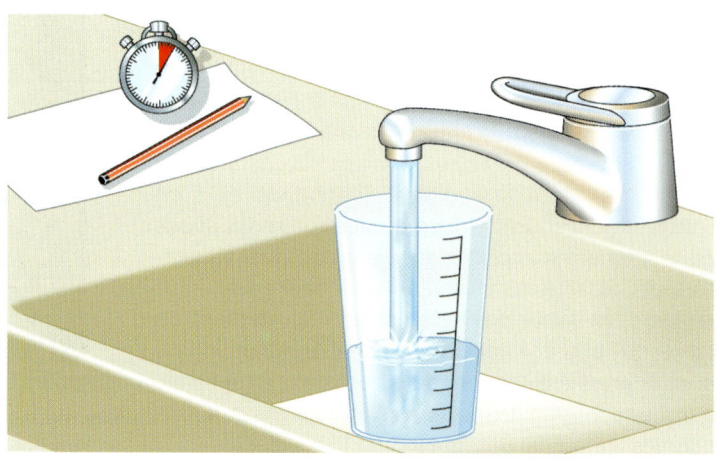

Toutes les données sont présentées sous forme d'un tableau, selon le modèle ci-dessous.

Mesure	Volume d'eau écoulé (V)	Temps (t)	Débit (V/t)
1			
2			
3			
4			
5			

Tableau de mesure du débit.

Résultats

Il s'agit d'interpréter la liste de nombres obtenus. Pour chaque mesure, on divise le volume d'eau écoulée par le nombre de secondes, unité de temps universellement utilisée. On obtient une série de valeurs du débit, variable selon l'ouverture du robinet : 20 mL/s, 50 mL/s, etc.

Dans la nature

Dans la nature, les débits sont évidemment beaucoup plus élevés : pour une rivière ou un fleuve, on compte en mètres cubes (1 mètre cube = 1 000 L). À titre de comparaison, le débit moyen est de 200 000 m^3/s à l'embouchure de l'Amazone (Amérique du Sud) et n'atteint que 300 m^3/s pour la Seine. Pour de petits ruisseaux, souvent le débit ne dépasse pas quelques litres par seconde.

Le débit ne concerne que la quantité d'eau dans un temps donné. C'est une notion différente de la vitesse du courant : celle-ci correspond au déplacement de l'eau, quelle que soit sa quantité, d'un point à un autre, dans un temps donné. Une rivière peut avoir un fort débit et s'écouler lentement ; à l'inverse, un petit ruisseau, de faible débit, peut couler très rapidement. Tout dépend de la pente. Prenons l'exemple des rapides sur le tracé de certaines rivières : le débit reste constant, mais la vitesse du courant augmente brusquement avec la pente.

Débit et vitesse combinés déterminent la force du courant et son aptitude à transporter des sédiments*, ou alluvions*, autrement dit sa charge* (voir aussi pp. 34-35).

Mots clés

- Charge • Courant • Débit • Fleuve • Pente • Rapide
- Rivière • Ruisseau • Sédiment •

Rapide de la rivière Låge (Norvège), aujourd'hui disparu, à la suite de la construction d'un barrage.

2.16 Le granoclassement

Les cours d'eau transportent et déposent tout au long de leur parcours jusqu'à la mer leur charge* en sédiments*, prélevée en amont. Ainsi se forment des couches* sédimentaires successives, encore appelées lits*. Dans ces couches, il est fréquent d'observer un classement vertical des particules sédimentaires (ou grains) selon leur taille : les plus grosses au-dessous des plus petites. Ce processus naturel de « granoclassement* » se produit au cours de la sédimentation*. La manipulation proposée ici permet de reproduire ce phénomène avec des grains de sable* et d'argile* mélangés. Sa réalisation est facile, aussi bien en intérieur qu'à l'extérieur.

Le matériel nécessaire

- 200 g de sable composé de grains de différents diamètres : 1/3 de grains de 2 mm (classe 1) ; 1/3 de grains de 1 mm (classe 2) ; 1/3 de grains très fins < 1 mm (classe 3).
- Une cuillerée à soupe d'argile (classe 4).
- Une bouteille à col large, ou un vase en verre, haut d'au moins 30 cm (ou encore un tube à pied de chimie de 1 L, transparent). Plus le récipient sera allongé, mieux on pourra observer le déroulement du phénomène.
- De l'eau, en quantité suffisante pour remplir au moins aux 3/4 le récipient.

Réalisation

1. Versez au fond du récipient le mélange argile + sables.

2. Recouvrez d'eau, mais pas jusqu'à ras bord, de façon à laisser de la place pour faciliter l'agitation du mélange.

3. Bouchez le haut du récipient avec le plat de la main ou un bouchon. Puis agitez le récipient en le secouant et le retournant complètement, jusqu'à ce que tous les grains soient bien mélangés.

4. Reposez le tout et observez immédiatement, car le phénomène est rapide.

Le granoclassement naturel dans un lit de rivière.

Résultats

Dans les tous premiers instants, les grains les plus gros (classe 1) « se précipitent » vers le fond et « dépassent » les grains plus fins, en les « bousculant » au passage ! Ils forment très vite un premier lit horizontal sur le fond. Ce lit est ensuite recouvert par les grains de dimension inférieure (classe 2), puis par les grains de la classe 3.

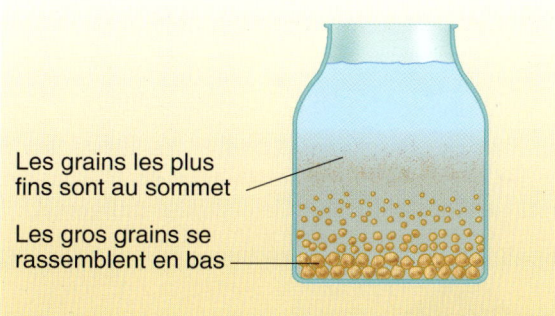

Les grains les plus fins sont au sommet
Les gros grains se rassemblent en bas

En quelques secondes, on obtient ainsi trois lits superposés de grains de sable, classés par ordre de taille décroissant : c'est le granoclassement vertical. L'épaisseur de chaque lit est évidemment proportionnelle à la quantité de grains de chaque taille.
En peu de temps, tout le sable se dépose, mais le liquide reste trouble, car il contient encore, en suspension, les particules d'argile. Au bout d'une heure, le liquide s'éclaircit un peu ; il faudra attendre le lendemain pour retrouver une eau limpide. Une mince pellicule d'argile recouvrira le sable le plus fin : c'est l'étape finale de l'expérience.

Interprétation

L'explication du granoclassement relève des lois de la physique qui régissent la chute des corps. Dans un liquide, la chute d'un corps est plus lente que dans l'air car elle contrariée par la viscosité* du fluide. Le physicien britannique Stokes a démontré, à la suite d'expériences de ce genre, les relations entre les propriétés physiques d'un fluide (viscosité, densité*) et les propriétés (densité, dimension) des corps qui y tombent (cette démonstration porte aujourd'hui le nom de loi de Stokes).

On comprend facilement qu'une pièce de monnaie tombe plus vite au fond de l'eau qu'un grain de sable. On conçoit donc aisément que ce soit les plus gros grains, c'est-à-dire les plus lourds, qui tombent plus rapidement et arrivent les premiers au fond ; des petits cailloux de quelques centimètres seraient tombés encore plus vite que le sable de classe 1. Toutes les variantes sont possibles pour vérifier la loi de Stokes, si vous en avez le temps et l'envie !

Dans la nature

Cette expérience reproduit le processus de sédimentation* qui conduit, en milieu naturel, au dépôt* de sédiments* associé au granoclassement des particules transportées par l'eau, quelle que soit leur dimension. C'est sans doute le phénomène physique fondamental le plus fréquent dans les couches* sédimentaires détritiques* de tout âge, même dans les couches les plus anciennes, datées d'environ 3,5 milliards d'années. Il permet de dégager un principe fondamental de la géologie appelé uniformitarisme, selon lequel les lois physiques restent les mêmes à travers le temps. Ainsi, d'un petit tube rempli d'eau, de sable et de boue, on tire des conclusions de portée universelle...

Le granoclassement dans les couches sédimentaires présente un autre intérêt : il permet de déterminer la polarité d'une couche, c'est-à-dire de distinguer le bas et le haut du dépôt. La disposition décroissante vers le haut des grains dans un lit autorise ainsi à définir avec précision la polarité d'une couche détritique où existe un granoclassement. Si la couche est renversée, par suite de déformations ayant affecté le terrain dans lequel elle se trouve, les grains les plus fins seront observés en bas, et les plus gros en haut. Comme il est physiquement impossible que le dépôt se fasse ainsi, le géologue en conclut qu'il y a eu inversion de la couche.

Mots clés

• Argile • Couche • Dépôt • Fluide • Granoclassement • Inversion • Lit • Polarité • Sable • Sédiment • Sédimentation • Viscosité •

2.17 Le tamisage

Contrairement à l'essentiel des expériences de cet ouvrage, le tamisage ne correspond pas à un phénomène naturel. C'est une technique utilisée par le géologue pour trier et classer des objets — ici des grains de terre de tailles différentes. Cette manipulation nécessite un bricolage préalable (à moins d'acheter des tamis dans le commerce, qui sont relativement chers).

Le matériel nécessaire

- Au minimum 5 morceaux de grillage de 20 cm de côté et de mailles différentes, comprises entre 0,1 et 2 mm
- 20 pièces de bois de 1 cm d'épaisseur et de 20 cm de long (4 pièces par tamis).
- Des clous ou cavaliers.
- Une cuvette.
- De l'eau.
- Des briques ou des cales.
- Une balance.
- 1 kg de terre.
- Un mini four ou un four.
- Du papier millimétré.
- Du papier millimétré semi-logarithmique.

Réalisation

Fabrication des tamis

On préparera au moins 5 tamis de mailles différentes selon le procédé suivant :

1. Assemblez les tiges de bois avec les clous, de façon à former des carrés.

2. Fixez les pièces de grillage sur les cadres ainsi obtenus.

3. Disposez les tamis les uns sur les autres en les séparant par des briques ou des cales. Placez au-dessus celui de plus grosse maille, puis les suivants, en ordre de taille décroissant (**figure a**).

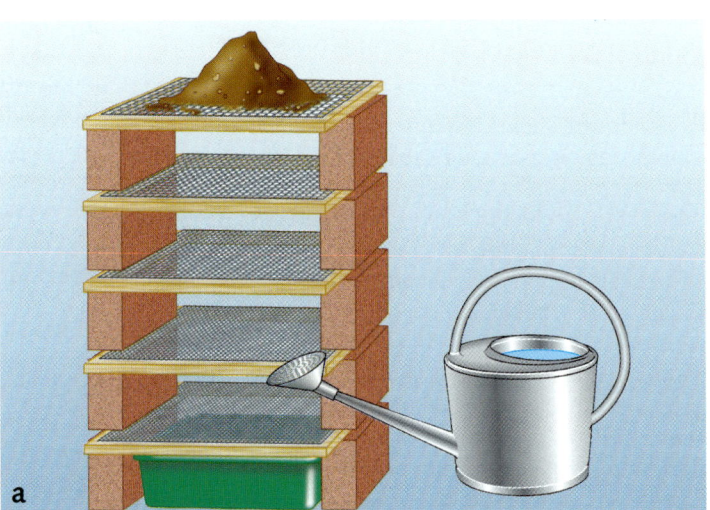

a

Exécution du tamisage

1. Placez la terre au centre du tamis supérieur.

2. Faites couler l'eau doucement sur le tas de terre. Celui-ci commence à se désagréger.

3. Poursuivez l'opération jusqu'à ce qu'il ne reste plus que les particules de diamètres supérieurs au premier tamis (ce reste est nommé « refus »).

4. Enlevez le premier tamis et videz son contenu dans un bol que vous placerez dans un four pour faire sécher les grains.

5. Procédez de la même façon pour chaque tamis suivant.

Mesures et calculs

1. Une fois les grains séchés, pesez le contenu de chaque tamis : vous obtiendrez le poids sec (en g) de chaque refus, donc d'une classe de grains de dimension supérieure aux mailles (en mm) du tamis. Complétez la 2e colonne du tableau ci-dessous.

2. Calculez le poids cumulé de chaque tamis en additionnant le poids du 2e tamis au poids du 1er, puis celui du 3e au résultat précédent et ainsi de suite pour chaque tamis. Complétez la 3e colonne du tableau ci-dessous.

3. Calculez le pourcentage cumulé, qui est donné directement si le poids de départ était de 100 g ou de 1 000 g. Complétez la 4e colonne du tableau ci-dessous.

Résultats

Pour pouvoir expliquer l'expérience et interpréter les données, reportez les résultats sur du papier semi-logarithmique : portez, en abscisse, le diamètre en millimètre de chaque tamis, et en ordonnée, les pourcentages cumulés pour chaque dimension. Après avoir marqué les points, tracez une courbe.

Mailles des tamis (en mm)	Poids sec du refus (en g)	Poids cumulé	% cumulé
Tamis 1 : 2 mm	20	20	20
Tamis 2 : 1 mm	35	55	55
Tamis 3 : 0,5 mm	20	75	75
Tamis 4 : 0,1 mm	10	85	85
Tamis 5 : < 0,5 mm	15	100	100

Exemple de tableau de mesures du tamisage.

Interprétation

La forme de la courbe tracée sur le graphique varie selon le type de terre (ou de sédiment*) analysé. Son allure dépend des proportions des différents grains (voir **figure b**). On observe que : pour une terre « lourde », de type argileux*, composée d'un fort pourcentage de particules très fines (diamètre inférieur à 0,06 mm), la courbe se situe à droite du graphique ; pour une terre « légère », sablonneuse, la courbe se place dans la partie médiane du graphique ; une terre à graviers, dite graveleuse, occupe la partie gauche du graphique.

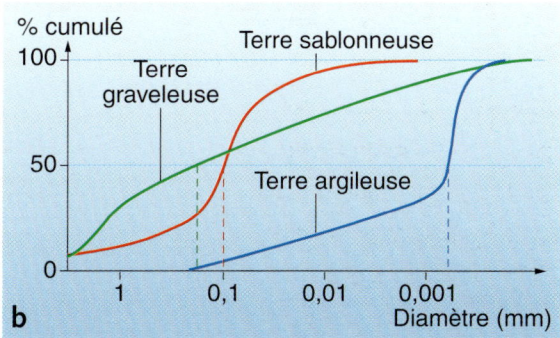

La pente de la courbe donne une indication sur l'homogénéité de la taille des grains du mélange tamisé (refus) ou du sédiment : une pente très redressée correspond à un sédiment dont les grains sont de dimensions proches (homométriques) : elle traduit un tri efficace des grains, dû à un courant actif ; une pente faible indique un mauvais tri des grains, dont les dimensions sont variées (hétérométriques) ; entre ces deux extrêmes, on peut obtenir tous les types de courbes (cas ici de la terre graveleuse).

Dans la nature

Toutes ces explications peuvent sembler bien théoriques ! Elles ont cependant une grande importance, notamment avant d'entreprendre de grands travaux de génie civil (constructions de routes, ponts, barrages, etc.). Car la résistance des matériaux varie en fonction de leur granulométrie, qu'il faut donc connaître si l'on ne veut pas bâtir sur de l'argile ! L'analyse granulométrique est aussi très utilisée pour connaître l'histoire des sédiments et la nature des courants qui leur ont donné naissance. En déterminant la taille des sédiments déposés, le géologue connaît la force du courant qui les a transportés.

Mots clés

• Argile • Courant • Génie civil • Granulométrie • Gravier • Sable • Sédiment • Tamis • Tri •

3. Le gel

L'expression « geler à pierre fendre » est employée couramment pour exprimer un très grand froid. Prise à la lettre, cette expression traduit une réalité, à savoir qu'une pierre peut éclater sous l'action du gel. Pourquoi et comment le gel brise-t-il les pierres ? C'est ce que nous allons essayer de comprendre grâce à quelques expériences simples.

Le gel agit sur les pierres par l'effet du gonflement de l'eau qui prend en glace. Car le fluide « eau » a une propriété physique unique et très curieuse : celle d'augmenter de volume quand il passe de l'état liquide à l'état solide. Logiquement, comme pour tous les autres corps, on s'attendrait à ce que le froid provoque une contraction, particulièrement quand on passe à l'état solide, où les molécules qui composent le corps en question sont plus « resserrées ». Avec l'eau, c'est le contraire ! Et comme l'eau est le fluide le plus abondant de la planète, on comprend que le gel ait un certain nombre de conséquences dans des milieux divers.

Chacun a sans doute constaté qu'une bouteille, remplie d'eau et laissée dehors par temps de gel, explose. De même, un moteur de voiture peut éclater sous l'action du gel, si le circuit de refroidissement ne contient pas d'antigel. Ces deux exemples montrent la force qui s'exerce lors de la prise en glace. Nous le constaterons dans les expériences de ce chapitre, dont certains sont spectaculaires, comme la réduction de la craie en poudre.

À l'échelle d'une montagne* ou de toute une région soumise pendant des milliers d'années à la puissance destructrice du froid, les conséquences sont très importantes. C'est ce qui s'est produit sur notre planète pendant les différentes périodes de glaciations* durant lesquelles de grandes parties du globe ont été recouvertes de glace. Des périodes glaciaires* sont connues au Précambrien, au début du Cambrien, à l'Ordovicien et au Carbonifère. Les traces de ces très anciennes glaciations sont plus discrètes que celles laissées par les périodes glaciaires successives du Quaternaire*.

....
Le gel est un facteur important d'érosion des montagnes.

3.1 La gélifraction

Cet essai aurait pu s'intituler « Comment casser une pierre sans la toucher ? »
En apparence, le gel n'a pas d'action sur les roches*. En fait, cela n'est vrai que si les roches sont compactes, comme un pavé de granite ou un silex, et ne laissent pas pénétrer l'eau. Mais si la roche présente des fissures ou si elle comporte des trous ou pores, même minuscules, le gel peut la faire éclater en une infinité de morceaux et la réduire à l'état de « poudre ».

Le matériel nécessaire

- Compartiment à glace d'un réfrigérateur ou tiroir de congélateur.
- Soucoupe ou coupelle.
- De l'eau.
- Essai n° 1 : un morceau de schiste de 0,5 cm d'épaisseur et de 3 cm x 5 cm environ
- Essai n° 2 : un morceau de craie de 200 g environ.

Réalisation

Essai n° 1

1. Placez le morceau de schiste dans un récipient rempli d'eau et laissez-le tremper une journée.

2. Retirez ensuite l'échantillon et placez-le dans une coupelle vide.

3. Introduisez la coupelle dans le compartiment à glace du réfrigérateur ou dans le congélateur ; l'y laisser au moins 6 heures.

4. Retirez la coupelle et l'échantillon du froid et placez le tout, soit au Soleil, soit près d'une source de chaleur.

5. Observez le résultat après un quart d'heure environ.

Essai n° 2

1. Placez le ou les morceau(x) de craie dans un récipient rempli d'eau et laissez tremper une journée.

2. Introduisez le récipient dans le compartiment à glace du réfrigérateur ou dans le congélateur ; l'y laissez de 6 à 12 heures.

3. Sortez le récipient et procédez comme pour le premier essai.

Roches à nu et plaques de glace (névés) en haute montagne.

Résultats

Dans l'essai n° 1, on observe, au fond de la coupelle, soit la fragmentation de la roche en plusieurs morceaux de quelques millimètres, soit l'apparition de poussières : ce sont des fragments rocheux très fins. Il arrive que, la première fois, aucun fragment n'apparaisse. Répétez alors toute la procédure, plusieurs fois de suite s'il le faut.

Le résultat est bien plus net dans l'essai n° 2. Dès le premier passage au froid, il se produit une fracturation de l'échantillon en plusieurs morceaux et une « boue » blanche apparaît. Si l'on répète l'essai plusieurs fois de suite, on obtiendra la réduction totale de la craie en particules très fines, sous la forme d'une masse boueuse blanche.

Interprétation

Comment le gel fragmente-t-il une roche, jusqu'à la réduire en poussière ? Le processus est simple : l'eau augmentant de volume quand elle passe à l'état solide, la glace formée occupe plus de place. Elle « se fait sa place » et rien ne lui résiste naturellement.

Le phénomène est le même dans les deux essais : l'eau s'est infiltrée dans tous les trous (ou pores pour la craie, qui est une roche poreuse) de la roche. Elle pénètre aussi entre chaque feuillet du schiste* ; si des fissures existent aussi, l'eau y aura également pénétré. Lors de la prise en glace, l'eau infiltrée dans chaque interstice (eau interstitielle) augmente de volume : elle élargit les feuillets, écarte les parois des fractures, accroît le volume des pores, dont les parois vont éclater.

Quand la température de l'échantillon redevient supérieure à 0 °C, l'eau repasse à l'état liquide. Les parties de la roche disjointes par le gel se séparent alors de la masse de l'échantillon : il y a fragmentation. Si la roche était fortement fracturée avant l'essai, l'éclatement complet peut se produire dès le premier passage au froid. Sinon, la répétition des alternances gel-dégel finit par provoquer l'éclatement généralisé. Dans le cas de la craie, les pores et fissures forment un réseau si dense que l'éclatement affecte tout le volume de la roche : d'où la transformation rapide de la craie en une masse boueuse.

Dans la nature

La fragmentation d'une roche sous l'action du gel est appelée gélifraction*. Elle est à l'origine de la destruction progressive des montagnes*.

En altitude, aux saisons intermédiaires, c'est-à-dire au printemps et à l'automne, il gèle la nuit, puis le réchauffement diurne fait fondre la glace qui s'est formée dans les pores et les fissures.

Sous la puissance du gel, les parois rocheuses sont peu à peu attaquées. Des blocs, puis des fragments de moindres dimensions se forment, donnant naissance aux couloirs d'éboulis*. Les eaux de ruissellement* puis les cours d'eau finiront par emporter les fragments les plus petits.

Aux saisons intermédiaires, au moment du dégel, des blocs peuvent d'un seul coup se détacher des parois et tomber sur le promeneur imprudent. Tout montagnard averti connaît ce danger qui survient surtout le matin.

La gélifraction est ainsi responsable d'une partie de la destruction « intime » des roches, à l'échelle des grains qui les composent : elle prépare le phénomène d'enlèvement, d'ablation*, qui s'exercera ultérieurement.

La gélifraction est également un phénomène qui survient dans les déserts, où les nuits peuvent être très froides : le peu d'eau présente, condensée en rosée, gèle dans les fissures des roches et les fait éclater.

Sur un plan pratique, l'action potentielle de la gélifraction sur les roches fissurées ou poreuses oblige à un choix très strict de matériaux de construction dans les régions soumises au gel hivernal, notamment en Europe dans tous les pays situés au Nord du 50 °N. D'où l'usage traditionnel du bois dans les constructions en Scandinavie, en Russie, ainsi qu'au Canada. Parmi les matériaux artificiels, seuls la brique et le béton résistent au gel.

Mots clés

• Ablation • Dégel • Désert • Éboulis • Fissure • Fragmentation • Gel • Gélifraction • Glace • Infiltration • Montagne • Pore • Roche poreuse

3.2 La tectonique du gel

Dans la partie supérieure des carrières ou des talus en bord de route, on observe parfois d'étranges déformations : juste au-dessous du sol*, dans une zone épaisse de 10 cm à 20 cm environ, les couches* de sédiments* sont déformées par des creux et des bosses, au lieu d'être disposées en bandes horizontales et parallèles. Leur origine remonte aux précédentes périodes glaciaires*, en particulier la dernière qui dura de –50 000 à –10 000 ans avant nos jours. Ces structures sont dues à ce que l'on appelle la «tectonique du gel». On les rencontre en zone montagneuse, dans la région parisienne, et plus généralement dans toute l'Europe, au Nord du 45ᵉ parallèle.

Réalisation

1. Disposez avec soin le sable* sur le fond du récipient. Veillez à ce que la surface supérieure soit bien horizontale.

2. Imbibez le sable d'eau, sans déborder de la surface.

3. Déposez ensuite la couche d'argile*, en réalisant une couche bien parallèle à la couche de sable.

4. Placez le carton et déposez dessus les cailloux **(figure a)**.

5. Placez l'ensemble au congélateur pendant un jour.

6. Ressortez le récipient et examinez-le par transparence. Si vous ne constatez aucune modification de forme, laissez dégeler le tout et replacez-le à nouveau au congélateur. Il faut plusieurs alternances de gel-dégel pour commencer à voir se développer de façon perceptible des structures caractéristiques.

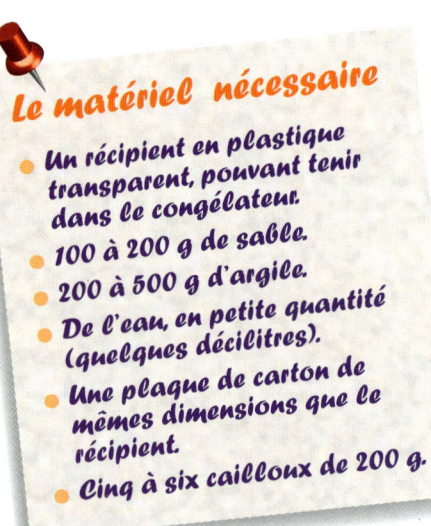

Le matériel nécessaire

- Un récipient en plastique transparent, pouvant tenir dans le congélateur.
- 100 à 200 g de sable.
- 200 à 500 g d'argile.
- De l'eau, en petite quantité (quelques décilitres).
- Une plaque de carton de mêmes dimensions que le récipient.
- Cinq à six cailloux de 200 g.

a

Résultats

Théoriquement, car l'expérience est de réalisation délicate, on doit observer, après quelques alternances de gel-dégel, la formation d'une surface ondulée à la frontière entre le sable et l'argile **(figure b)**. Si on prolonge l'expérience, l'ondulation s'accentue. Si l'argile comporte des bandes de couleurs différentes, on verra que les ondulations affectent aussi le matériel argileux*.

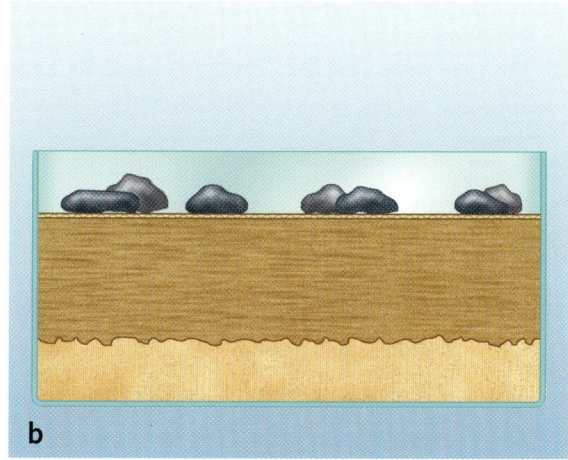

b

Interprétation

Les ondulations, ou plis, de la surface entre le sable et l'argile, sont dues ici, comme dans la manipulation précédente, au processus dynamique de gonflement par le gel. Lors de sa solidification, l'eau contenue dans le sable augmente de volume et soulève l'argile. Mais du fait de son imperméabilité et de la surcharge créée par la plaque de carton lestée de cailloux, l'argile oppose une résistance.

Dans la nature

Dans cette expérience, nous avons reproduit les conditions de superposition de couches imperméables et perméables en milieu naturel. Mais le mode d'action du gel sur le terrain est différent. En effet, dans la nature, la prise en glace se fait à partir de la surface, au début de la saison froide, tandis que le sous-sol* reste encore meuble* (dans l'expérience décrite ici, on refroidit *en bloc* le dispositif). À l'inverse, au printemps, lors des premiers dégels, c'est la surface qui fond en premier, tandis que le sous-sol reste pris en glace (dans cet essai, c'est *tout le bloc* qui se réchauffe).

Si le résultat de l'expérimentation n'est donc pas tout à fait comparable au processus naturel, il donne cependant une idée du phénomène qu'on appelle dans les régions froides: pergélisol, permafrost (Canada et Alaska) ou merzlota (Sibérie).

Les effets du pergélisol se font sentir dans les régions où la température descend au-dessous de −20 °C et persiste à ce niveau pendant plusieurs mois. Le sol et le sous-sol sont ainsi modelés en profondeur par les effets du gel. Lors de la fonte, la partie supérieure du sol devient meuble, tandis que le sous-sol reste dur, à des stades de dégel plus ou moins avancés.

Sur un plan pratique, l'action du gel-dégel du sol peut affecter le soubassement des routes et créer des conditions favorables au processus de thixotropie (voir l'expérience sur les sables mouvants p. 40) car les terrains sont évidemment imbibés d'eau. Il peut en résulter de graves difficultés de circulation pour les véhicules, surtout s'ils sont lourds. La stabilité des constructions est également mise en cause par les effets du pergélisol, si les infrastructures ne reposent pas sur du roc ou une zone non soumise à variation de température.

La présence, jusque dans la région parisienne, de témoins de ces actions glaciaires* dans les couches du Quaternaire*, prouve que le Nord de la France, et au-delà (en Europe), a connu un climat analogue à celui de l'Alaska actuel, pendant des centaines de siècles jusqu'à 10 000 ans avant nos jours.

Mots clés

• Argile • Dégel • Gel • Glace • Imperméabilité • Merzlota • Pergélisol • Permafrost • Perméabilité • Sable • Sol • Sous-sol • Thixotropie •

3.3 Les pierres dressées

Dans les régions de haute montagne*, là où l'altitude est supérieure à 3 000 m, certains blocs rocheux présentent parfois une étrange disposition : ils reposent sur leur tranche et dessinent des figures polygonales. Cette position dressée s'explique une nouvelle fois par l'action du gel sur le sol*, lorsque celui-ci comporte un mélange de sable et de fragments rocheux. Essayons, par cette expérience, de dresser des pierres à l'échelle miniature.

Le matériel nécessaire

- Récipient en plastique, à fond plat, transparent, de 3 à 4 litres.
- Sable mélangé d'argile (1 à 2 kg).
- 10 à 20 petites pierres plates de 7 x 5 x 2 mm environ (selon les dimensions du récipient).
- De l'eau : de 0,5 à 1 litre.
- Un congélateur (nécessaire pour atteindre une température assez basse).

Réalisation

1. Placez dans le fond du récipient, en couche, la moitié du mélange d'argile* et de sable* imbibé d'eau.

2. Disposez les cailloux bien à plat, en les enfonçant légèrement dans cette première couche.

3. Recouvrez avec le reste du mélange **(figure a)**.

4. Humidifiez le tout, en versant la quantité d'eau indiquée.

5. Placez au congélateur pendant 6 heures.

6. Ressortez le récipient du congélateur et observez.

7. Laissez dégeler, puis replacez le récipient au congélateur.

8. Recommencez plusieurs fois de suite.

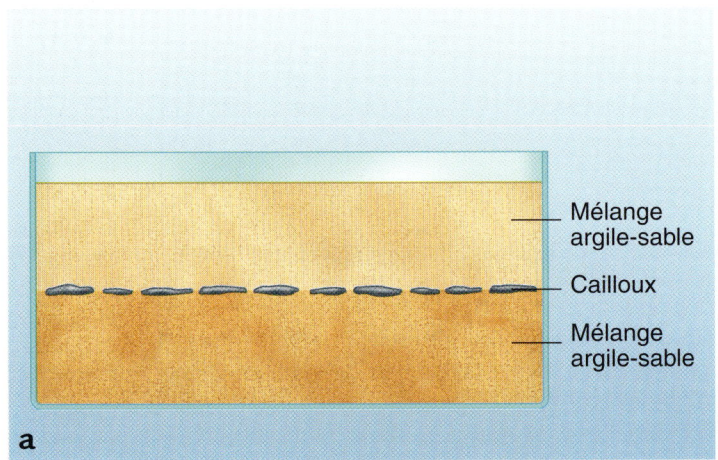

a

Résultats

Après quelques alternances de gel-dégel, les pierres, initialement disposées à plat au début de l'expérience, se sont partiellement redressées sur leur tranche **(figure b)** ; si l'expérience est poursuivie suffisamment longtemps, on les retrouvera dressées à la verticale. Si les pierres sont trop volumineuses, on risque de ne rien observer, car la force créée par le phénomène de gel peut se révéler insuffisante pour les soulever. Il faut parvenir à équilibrer le volume argile

+ sable + eau par rapport à la masse des pierres. Le grain du mélange utilisé joue également un rôle. La manipulation est assez délicate à mettre en œuvre. On ne réussira que par tâtonnements successifs.

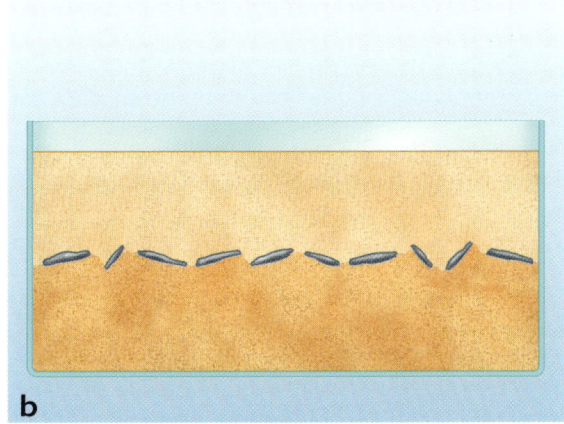

Interprétation

Le redressement des pierres relève à nouveau de la variation du volume de l'eau lors de son passage de l'état liquide à l'état solide. L'eau contenue dans le mélange argilo-sableux « gonfle » quand elle prend en glace : les pierres sont alors soulevées de façon irrégulière. Simultanément, le mélange argilo-sableux perd sa disposition plane originelle (voir l'expérience précédente), pour présenter une surface bosselée. Quand la glace fond lors du réchauffement (ce qui correspond au dégel dans la nature), les ondulations subsistent, malgré le retour à l'état meuble*, car aucune force ne permet la ré-homogénéisation du mélange pour le ramener à son état initial. Les pierres soulevées ne peuvent pas non plus revenir à leur position horizontale initiale : elles restent donc inclinées. À chaque phase de regel, le phénomène se reproduit. Les pierres se redressent de plus en plus, jusqu'à atteindre la position verticale. Elles sont alors disposées sur la tranche et dessinent en surface une structure polygonale.

Dans la nature

Ce phénomène de pierres dressées à la verticale ne peut exister que dans les zones connaissant des froids très rigoureux et prolongés : hautes montagnes et hautes latitudes. Les pierres dressées dessinent ce que l'on nomme des sols polygonaux. Elles sont caractéristiques du climat périglaciaire, qui se situe à la limite d'installation des glaciers*.

Dans les jardins du Nord et des régions montagneuses de la France, il est fréquent qu'un sol débarrassé de ses cailloux à l'automne soit à nouveau envahi de cailloux au printemps suivant. Les pierres "remontent", dit-on, car elles sont poussées vers le haut selon le même mécanisme.

Mots clés

• Argile • Dégel • Gel • Glace • Glacier • Montagne • Pierre dressée • Sable •

Champ de pierres dressées par le gel à 1300 m d'altitude, en Norvège.

3.4 Les icebergs

Les icebergs sont des radeaux de glace, de taille variable, en général pesant plusieurs tonnes, qui dérivent à la surface des océans. Compte tenu des densités* respectives de la glace (0,9) et de l'eau liquide (1), les icebergs flottent sur l'eau. La manipulation suivante permet de montrer comment naissent les icebergs.

Réalisation

1. Mettez de l'eau dans un récipient et placez le tout dans le congélateur. L'y laisser jusqu'à ce que l'eau soit prise en glace sur toute son épaisseur.

2. Sortez ce « morceau de banquise » du congélateur et extrayez-le du récipient. Donnez-lui quelques légers coups de marteau pour créer des zones de moindre résistance (attention, il ne faut surtout pas le casser).

3. Faites plonger la moitié de la plaque de glace dans un récipient un peu plus grand, rempli d'eau (elle peut être tiède). On peut maintenir, en début d'expérience, la plaque de glace avec une brique de congélation ou un autre objet. Attendez et observez **(figure a)**.

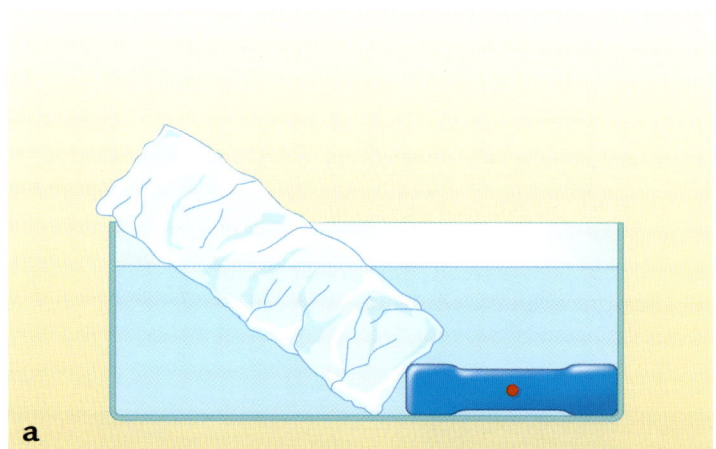

a

Le matériel nécessaire

- Un récipient pouvant tenir dans le congélateur.
- De l'eau.
- Un congélateur.
- Des briques de congélation
- Un récipient, transparent si possible, un peu plus grand que le précédent.

Résultats

Peu à peu, la plaque de glace fond (on parle de fusion de la glace), car elle est plongée dans une eau à température relativement élevée (entre 5 °C et 15 °C).

Au bout de quelque temps, on observe que se détachent de la partie immergée de la plaque des morceaux de volume variable (les « icebergs » dans la nature), tandis que le reste demeure massif. Le résultat est plus ou moins spectaculaire (voir **figure b** page suivante).

Les morceaux de glace flottent : en observant bien, on constate que la plus grande partie de ces « icebergs miniatures » sont sous l'eau et que seule la partie supérieure affleure.

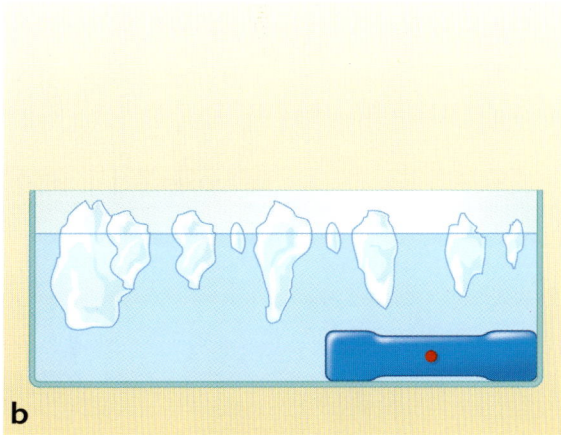

Interprétation

Le détachement des morceaux de glace de la plaque se fait dans les zones de moindre résistance, celles créées par les chocs donnés en début d'expérience à l'aide du marteau.
L'enfoncement partiel des morceaux de glace dans l'eau est dû à la plus faible densité de l'eau sous sa forme solide (densité 0,9) par rapport à sa forme liquide (densité 1).

Dans la nature

D'où proviennent les icebergs qui dérivent à la surface des océans ? Des deux gigantesques glaciers qui recouvrent les pôles terrestres. On les appelle des inlandsis, ce qui signifie, en danois, « glace de l'intérieur des terres » (on réserve le terme de calotte glaciaire à un glacier dont la superficie est inférieure à 50 000 km². Dans l'hémisphère Nord, l'inlandsis du Groenland, d'une épaisseur moyenne de 1800 m, couvre 1,7 millions de km² et représente 7 % du volume mondial d'eau douce. Mais la plus grande étendue de glace se trouve dans l'hémisphère sud, en Antarctique (12 millions de km²).

Quand la glace atteint la mer, dont l'eau est à une température supérieure à 0 °C, elle se brise. C'est ainsi que naissent les icebergs, nom danois (*isbjerg*) anglicisé, signifiant « montagne de glace ».
Au gré des courants marins, les icebergs dérivent et errent dans les océans. Leurs dimensions sont parfois impressionnantes : jusqu'à plusieurs centaines de kilomètres de long et plusieurs centaines de mètres de profondeur. Comme dans notre expérience, l'essentiel de leur masse est immergé.
La banquise est très différente des vrais icebergs : elle provient de la congélation de l'eau de mer et n'a jamais plus de quelque mètres d'épaisseur.

Mots clés

• Banquise • Calotte glaciaire • Courant • Densité •
• Glace • Glacier • Iceberg • Inlandsis • Océan •

Un iceberg. La partie émergée ne représente que le tiers, voire beaucoup moins, de la hauteur totale de l'iceberg.

4. L'eau dans le sous-sol

Environ un tiers de l'eau qui tombe sur Terre* s'infiltre dans le sol*, pour atteindre ensuite le sous-sol*. Impossible alors d'observer directement ce qui se passe, car tout se déroule dans le secret des profondeurs terrestres ! C'est pourtant la partie la plus longue et la plus importante du cycle de l'eau*.

Soumise à la gravité*, l'eau circule sous Terre, forme aussi par endroits de vastes réserves d'eau douce, appelées nappes phréatiques*, et resurgit ailleurs en surface au niveau des sources. Grâce au trajet souterrain de l'eau, nous disposons – ou non – de réserves d'eau potable, que l'on capte aux sources ou en installant des puits, voire des forages* plus profonds. La circulation souterraine de l'eau et la capacité d'un sous-sol à constituer des réserves d'eau sont intimement liées à la nature imperméable ou perméable des roches qui composent le sous-sol. Un terrain calcaire* ou sableux laissera l'eau s'infiltrer, mais un terrain argileux* retiendra l'eau.

Dans le sous-sol terrestre, il y a de l'eau, mais aussi du pétrole et du gaz, dont le parcours et le stockage sont également régis par les lois de la circulation des fluides en profondeur. On comprend tout l'intérêt de bien connaître ce qui se passe loin de nos yeux, sous nos pieds...

Dans ce chapitre, nous allons essayer de montrer, par des expériences appropriées, comment l'eau pénètre et circule sous Terre, comment elle réapparaît sous forme de sources et comment le sous-sol piège le pétrole.
Les expériences proposées peuvent être réalisées soit à l'intérieur soit à l'extérieur, mais elles sont plus longues et plus délicates à mettre en œuvre dans ce dernier cas.

Stalagmites et stalactites dans une grotte des Pyrénées.

4.1 La porosité

Une roche* se laisse plus ou moins traverser par l'eau : elle est plus ou moins perméable, comme nous le verrons plus loin (p. 66). Cette capacité est étroitement liée à la proportion de « vides » dans la roche, autrement dit à sa porosité*. Un matériau est en effet dit poreux* quand il comporte des vides, ou pores, susceptibles de retenir un fluide (un liquide, mais aussi un gaz). Une éponge donne une bonne image de la porosité d'une roche. En réalité, tous les corps comportent des vides, même s'ils sont très petits et donc invisibles à l'œil nu. Dans l'expérience présentée ici, facile à mettre en œuvre, nous mettrons en évidence cette propriété sur une roche qui vous est déjà familière : le sable*.

Réalisation

Avec le sable fin

1. Disposez le sable bien sec (séché au four ou à l'étuve) au fond du récipient transparent. Mesurez préalablement la quantité de sable que vous utiliserez (entre 2 et 5 litres de sable) ; étalez-le ensuite pour obtenir une surface plane.

2. Versez l'eau lentement, décilitre par décilitre, pour ne pas trouer la surface du sable. Notez le nombre de décilitres versés.

3. Quand le liquide atteint exactement le niveau supérieur du sable, cessez de verser l'eau.

Avec le sable grossier

Procédez de même avec un volume identique de sable. Comparez.

Le matériel nécessaire
- Un récipient transparent ou un bécher de 5 L
- De l'eau
- Un verre mesureur
- 1 à 2 kg de sable fin (0,1 mm) sec.
- 1 à 2 kg de sable grossier (1 mm) sec.

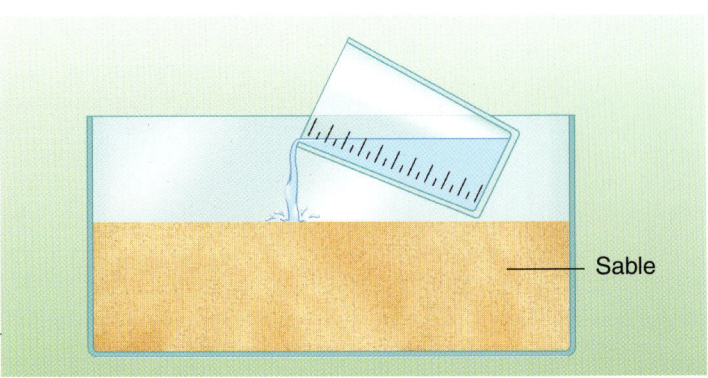

Sable

Résultats

On calcule la quantité d'eau totale qui a été nécessaire pour imprégner chacun des deux types de sable, dont les granulométries sont différentes (voir p. 48). Les volumes mesurés correspondent aux volumes de vides, c'est-à-dire de pores, qui existent entre les grains de sable. Les résultats dépendent des caractéristiques des sables. Si les sables sont homogènes, on dit isogranulaires (les grains sont de mêmes dimensions, petits pour le sable fin, gros pour le sable grossier: **figures a** et **b**), le volume d'eau utilisé (donc le volume des pores) sera identique dans les deux cas pour un même volume de sable. En revanche, si par exemple le sable grossier est hétérogranulaire (**figure c**), le volume d'eau utilisée sera inférieur à celui d'un sable fin isogranulaire.

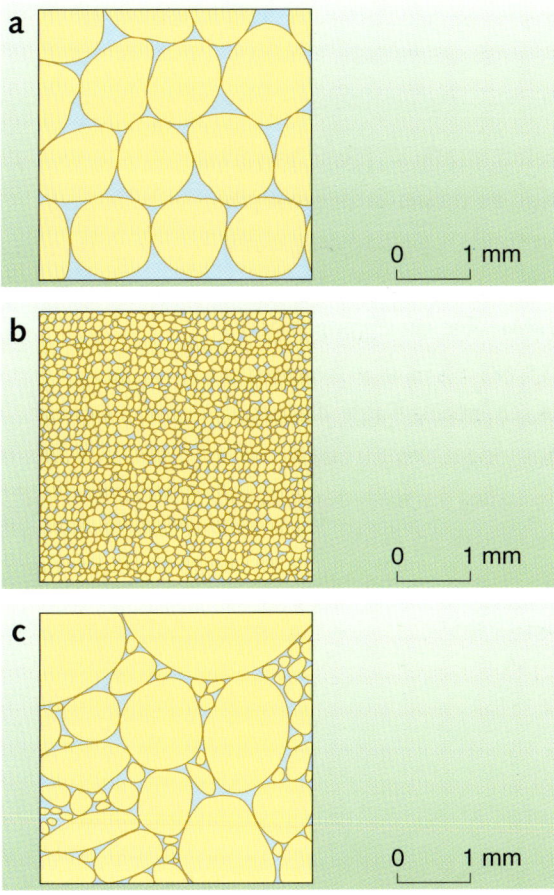

Interprétation

La porosité se définit par le rapport suivant:

$$\frac{\text{Volume de vides (eau)}}{\text{Volume total (sable)}}$$

que l'on multiplie par 100 pour exprimer le résultat en pourcentage.

Quelle est l'origine des vides, donc des pores? C'est un problème de géométrie: les grains ne s'emboîtant pas les uns dans les autres, il reste nécessairement des vides entre eux.

Formes et dimensions des vides sont variables selon les grains. Dans un échantillon de sable isogranulaire, la dimension des vides augmente avec celle des grains. Mais le volume total des vides sera équivalent pour un sable fin et pour un sable grossier. En revanche, dans un sable hétérogranulaire (cas fréquent dans la nature), de petits grains peuvent venir se loger dans les vides intergranulaires. C'est la raison pour laquelle la porosité d'un sable hétérogranulaire diminue de façon notable. Cette propriété explique d'ailleurs pourquoi l'on mélange du gravier et du sable pour préparer le béton: on diminue ainsi la quantité de ciment nécessaire.

Dans la nature

La porosité est une propriété intrinsèque d'une roche (notion statique). Elle est définie par l'ensemble des volumes pouvant être occupés par des fluides à l'intérieur d'une roche. La porosité est donc liée aux espaces intergranulaires dans une roche plus ou moins cimentée. Le sable et le grès* sont les roches poreuses les plus fréquentes.

La porosité d'une roche lui confère son aptitude à servir, dans le sous-sol, de réservoir pour des fluides, l'eau ou le pétrole par exemple (voir p. 68 et p. 74).

Mots clés

• Granulométrie • Fluide • Grès • Hétérogranulaire • Isogranulaire • Pore • Sable • Sous-Sol •

4.2 La perméabilité

Selon qu'elle se laisse traverser plus ou moins facilement par un fluide – liquide ou gazeux – une roche* sera qualifiée de perméable ou d'imperméable. Les expériences présentées ici, et réalisées à l'aide d'objets possédant des « trous » de tailles variées, permettent de mettre en évidence la relative perméabilité des roches.

Réalisation

Essai n° 1
Placez la passoire à légumes sous le robinet d'eau froide. Faites varier la quantité d'eau, en commençant par un petit filet et en finissant par le plus fort débit. Observez.

Essai n° 2
Placez la passoire à thé sous le robinet d'eau froide. Comme précédemment, faites varier la quantité d'eau, en commençant par un petit filet et en finissant par un fort débit. Observez.

Essai n° 3
Placez le filtre à café dans un entonnoir et ce dernier au-dessus du verre mesureur, dans lequel on récupère l'eau. Versez doucement l'eau dans le filtre. Observez.

Lors de cet essai, on peut utiliser le chronomètre pour calculer le débit, (c'est-à-dire la quantité de fluide écoulé en fonction du temps, voir p. 46). On mesurera le nombre de centilitres écoulés dans le verre mesureur pendant 10, 20, 30 secondes, 1 minute, etc., et on pourra calculer le rapport D représentant le débit :

$$D = \frac{V}{t}$$

où V est le volume d'eau écoulé mesuré (convertir en litres) pendant le temps t (en secondes).

Le matériel nécessaire
- Une passoire à légumes.
- Une passoire à thé.
- Un filtre à café et un entonnoir.
- De l'eau.
- Un verre mesureur de cuisine ou une fiole graduée.
- Une montre ou un chronomètre.

Résultats

Essai n° 1. Dans un premier temps, l'eau s'écoule rapidement par les trous de la passoire à légumes. Cependant, quand le robinet est ouvert « à fond », l'eau n'arrive plus à s'écouler suffisamment vite : il y a saturation et le niveau d'eau commence à monter dans la passoire.

Essai n° 2. Avec la passoire à thé, dont les trous sont plus petits, le résultat est très voisin. Mais la saturation, qui survient lorsque l'eau monte dans la passoire, débute plus tôt.

Essai n° 3. Même à faible débit, l'eau s'accumule dans le filtre ; elle s'écoule donc plus lentement.

Interprétation

Les « trous » des trois ustensiles utilisés sont assimilables aux pores existant dans les roches.

Essai n° 1. Les trous de la passoire à légumes sont nombreux et de grande dimension. On comprend donc que l'eau passe rapidement à travers la passoire et que le débit soit élevé.

Essai n° 2. Avec la passoire à thé, le diamètre des pores diminuant, le passage du fluide est nécessairement plus lent et le débit diminue.

Essai n° 3. Avec le filtre à café, les pores du filtre mesurant une fraction de millimètre, le débit diminue encore.

Ces expériences montrent la relation directe entre la dimension des pores dans les roches et le débit, ainsi que la vitesse des fluides qui peuvent les traverser. Elles illustrent la notion dynamique de perméabilité, qui lie débit et vitesse de circulation des fluides dans le sous-sol* à la nature des roches qui le constituent.

Dans la nature

La perméabilité d'une roche est une notion dynamique. Trois facteurs principaux la contrôlent.
Premier facteur, la dimension des grains constitutifs d'une roche (la granulométrie) : si le grain est grossier (de l'ordre de 1 mm), la taille des vides entre les grains est plus élevée que dans une roche à grains fins (de l'ordre de 0,1 mm) : celle-ci aura donc une perméabilité plus faible qu'une roche formée de grains grossiers.

Second facteur, la porosité*, définie par la proportion de pores dans une roche (voir p. 64). La porosité d'une roche peut être augmentée par le phénomène naturel de fracturation, qui crée des vides supplémentaires dans la roche. Plus une roche est poreuse, plus elle sera perméable.

Troisième facteur : la capillarité*, force d'attraction entre des corps de petite dimension à la surface d'un liquide. Plus le grain est petit, plus l'effet de capillarité augmente, car les grains sont plus nombreux à subir cette attraction. C'est la raison pour laquelle les sédiments* très fins deviennent vite imperméables (voir page suivante).

Un terrain perméable est donc une passoire naturelle qui permet à l'eau, au pétrole ou au gaz de circuler dans le sous-sol, à des vitesses variables, toujours relativement faibles (de l'ordre du centimètre par heure, voire moins). La mesure du débit avec le filtre à café donne une notion de la vitesse maximale de circulation dans le sous-sol, qui sera d'autant plus lente que la capillarité exercera son effet.

Chacun a pu constater, après la pluie, que l'eau disparaît immédiatement dans le sol* quand celui-ci est sableux (roche poreuse). À l'inverse, sur un sol argileux*, à grains très fins (de l'ordre du micromètre) et où la capillarité est très forte, l'eau stagne plus ou moins longtemps.

Un sous-sol constitué de roches cristallines* très massives et non fracturées est, en revanche, imperméable. Les réserves d'eau y sont impossibles, d'où une grande aridité du sol. C'est le cas des zones du Sahel constituées de granite et de gneiss, où les seules réserves d'eau profondes se situent là où existent des failles*, dues au broyage local des roches.

Mots clés

• Argile • Capillarité • Débit • Faille • Fluide • Fracturation • Gaz • Granulométrie • Imperméabilité • Perméabilité • Pétrole • Porosité • Pore • Réserve d'eau • Sable • Sédiment • Sous-sol •

4.3 Une couche imperméable

On dit d'une couche* du sous-sol* qu'elle est imperméable lorsqu'elle empêche le passage de l'eau. Quand cette couche est proche de la surface du sol*, elle forme une barrière naturelle qui s'oppose à la circulation de l'eau et à son infiltration.
C'est ainsi que se constituent des étendues d'eau plus ou moins temporaires, appelées selon leur taille, mares, étangs ou lacs. En profondeur, le même phénomène explique la formation de vastes réserves d'eau.

L'expérience présentée ici permet de comprendre et de visualiser l'effet de retenue d'eau créé par une roche* imperméable : l'argile*. L'expérience est difficile à réaliser à l'extérieur.

Zone marécageuse avec étang sur sous-sol imperméable.

Réalisation

1. Disposez la moitié du sable* en couche horizontale, au fond du récipient.

2. Disposez l'argile en une couche bien parallèle à la précédente, en veillant à ce qu'elle s'appuie complètement sur les bords du récipient.

3. Disposez le reste du sable au-dessus de l'argile.

4. Versez doucement l'eau en pluie au-dessus du récipient (**figure a**). Observez.

Le matériel nécessaire

- Un récipient transparent peu profond, de type bécher ou saladier, ou caissette de fruits en plastique.
- De l'argile mouillée, en quantité suffisante pour former une couche d'au moins 1 cm (on peut la remplacer par de la pâte à modeler).
- Du sable fin et sec (environ 1 kg).
- De l'eau.

a

Résultats

L'eau commence d'abord par s'infiltrer dans le sable qui est perméable (voir les deux expériences précédentes). Puis elle s'arrête quand elle atteint la couche d'argile. On constate alors que l'eau s'accumule dans la couche supérieure de sable (le niveau d'eau monte). Le sable de la couche inférieure doit rester sec : il sert de témoin à l'expérience ; sinon, c'est que la couche d'argile n'épouse pas parfaitement les parois du récipient, et tout est à recommencer !

Interprétation

L'argile est une roche constituée de particules minérales* très petites, de l'ordre du micromètre (0,001 mm). Ces particules « retiennent » l'eau qui s'est glissée dans les pores de la roche argileuse* : quand une couche d'argile est mouillée, elle est entièrement imbibée d'eau et elle forme alors une barrière au passage d'autres molécules d'eau ; elle se comporte comme une matière aussi imperméable que du caoutchouc ou du verre.
Toute matière comporte des pores de plus ou moins grandes dimensions, de l'échelle millimétrique à l'échelle nanométrique (0,000001 mm). L'imperméabilité d'un corps commence à partir du moment où les pores sont remplis, et où les phénomènes de capillarité (voir page précédente), sont supérieurs aux effets de la gravité. Les liquides ne peuvent alors plus circuler. D'une manière générale, plus les pores sont petits, plus l'imperméabilité augmente.
Dans les roches constituées de particules minérales, les pores ont une dimension comprise entre le millimètre et le micromètre. Celles dont les grains sont les plus gros sont perméables, tandis que les roches faites de très petits cristaux* sont imperméables, à l'exemple de l'argile. Si un ciment* lie les grains entre eux, la roche sera aussi imperméable. Quand les dimensions des pores sont encore plus petites, comme dans un cristal ou un verre, le milieu devient totalement imperméable : c'est pourquoi l'on peut boire dans un verre !

Dans la nature

Dans cet essai, on a réalisé en miniature et « en plein air » la formation de ce que l'on nomme une nappe d'eau souterraine ou nappe phréatique* (du grec *phreas*, puits). Une nappe phréatique se forme par accumulation des eaux d'infiltration au-dessus d'un terrain imperméable qui interdit leur progression vers le bas (voir **figure b** ci-dessous). L'essentiel de nos réserves d'eau douce est stocké dans ces nappes. On les exploite pour notre alimentation en creusant des puits ou en réalisant des forages*. Le niveau supérieur atteint par l'eau dans le sous-sol est nommé niveau piézométrique : il varie en fonction de la quantité d'eau qui parvient dans le sous-sol et dépend donc de la pluviosité. Toute une science, que l'on appelle hydrogéologie*, est consacrée aux mouvements de l'eau en sous-sol (c'est une des branches de l'hydrodynamique*) ; son principal objet est la recherche des nappes d'eau souterraines.

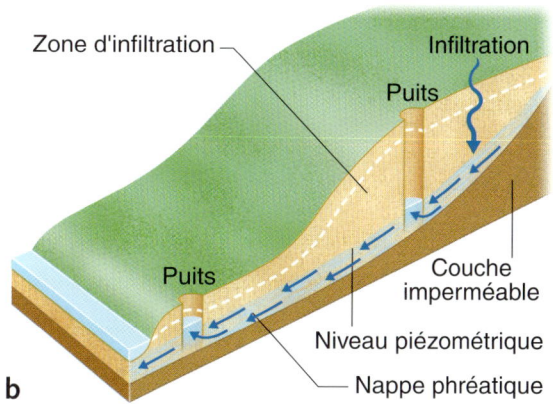

b

Le pétrole et le gaz naturel se comportent souvent dans le sous-sol de la même façon que l'eau, aux différences de viscosité* près. Il sont également retenus dans des réservoirs qui se forment là où existent des couches* de roches imperméables (voir p. 74).

Mots clés

• Argile • Capillarité • Forage • Gaz • Gravité • Imperméabilité • Nappe phréatique • Niveau piézométrique • Pétrole • Pore • Puits • Réserve d'eau • Sous-sol •

4.4 La source

La source est le point où l'eau souterraine réapparaît en surface. Une source se situe en général à la frontière entre une couche humide et imperméable, située à la base, et une couche plus sèche et perméable, située au-dessus. L'expérience proposée ci-contre fait suite immédiatement à la précédente.

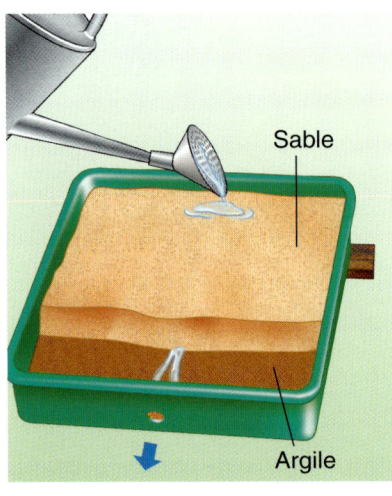

Réalisation

1. Disposez la couche d'argile* de façon uniforme sur tout le fond de la cuvette.
2. Recouvrez de sable* sec sur les 3/4 de la surface, de façon à former une « falaise » de sable, haute de quelques centimètres.
3. Placez la cale en bois sous la cuvette, du côté opposé à la falaise, pour donner au dispositif une légère pente (inférieure à 5°).
4. Très doucement, presque au goutte à goutte, versez l'eau du côté haut. Laissez le sable s'imprégner lentement. Observez.

Résultats

Au début, on observe la même chose que dans l'essai précédent : l'eau s'infiltre progressivement dans le sable. Puis on la voit jaillir (on dit sourdre) d'un point de la « falaise » et s'écouler sur la surface argileuse, formant alors une petite rigole.

Interprétation

Comme dans l'expérience précédente, la couche argileuse arrête la progression de l'eau vers le bas. Mais, du fait de la pente, l'eau, au lieu de s'accumuler et de stagner, s'écoule vers le point le plus bas (l'aval), sous l'effet de la gravité (les sources se trouvent bien dans les vallées !). L'eau circule alors dans la masse sableuse, au contact de l'argile, et jaillit dès lors qu'il n'y a plus de sable.

Dans la nature

Ce modèle très simple ne donne qu'une image sommaire du trajet complexe de l'eau dans le sous-sol*. Dans la nature, les terrains où circule l'eau peuvent être de compositions variées, pourvu qu'ils soient perméables et reposent sur des terrains imperméables. Une source peut naître à la faveur d'un processus d'érosion*, de sorte que la nappe phréatique* affleure, ou à la faveur d'une faille*.

Le matériel nécessaire
- Cuvette en plastique avec un trou pour l'évacuation de l'eau
- Pour le reste, matériel identique à l'expérience précédente.
- Une cale en bois.

Mots clés

• Argile • Faille • Gravité • Imperméabilité • Nappe phréatique •
Perméabilité • Source • Sous-sol • Vallée •

4.5 Le forage

Pour atteindre une nappe d'eau souterraine, exploiter un gisement* de pétrole ou une réserve de gaz, on réalise des forages*, autrement dit on perce le sous-sol* de trous plus ou moins profonds. Actuellement, les forages les plus profonds atteignent 6 000 m. Dans cette expérience, nous resterons plus modestes et implanterons un forage à partir du dispositif mis en place dans l'expérience précédente.

Réalisation

Enfoncez doucement le tube dans le sable, jusqu'à atteindre le niveau imprégné d'eau.

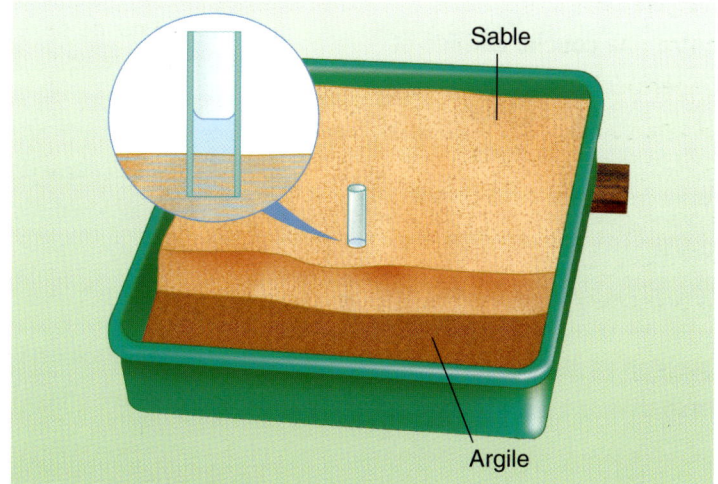

Résultats

On voit l'eau remonter légèrement dans le tube, par capillarité*.

Interprétation

Cet essai très simple est seulement destiné à montrer comment on peut trouver l'eau en sous-sol. En grandeur réelle, il faut, après avoir localisé la nappe ou le gisement, utiliser une machine pour forer le sous-sol et mettre en place un système de tubes, par lequel l'eau (le pétrole ou le gaz) remontera par pompage. La technique du forage est d'invention assez récente (environ deux siècles). Elle a été mise au point pour se procurer de l'eau à plus grande profondeur, en remplacement de l'alimentation par les puits, moins profonds, et dont la production était devenue insuffisante pour couvrir les besoins des villes.

Le matériel nécessaire
- Matériel identique à l'expérience précédente.
- Un petit tube en verre, pris sur un compte-gouttes par exemple.

Mots clés

• Capillarité • Gaz • Nappe • Pétrole • Puits • Sous-Sol •

4.6 Le puits artésien

Il y a plusieurs siècles en Artois, dans l'actuel département du Pas-de-Calais, il arrivait que l'eau jaillisse verticalement lorsque l'on creusait un puits. Voilà pourquoi on a donné le qualificatif d'artésien aux sources jaillissantes. C'est ce type de puits artésien que l'on va réaliser dans l'expérience suivante. L'effet ne sera pas très spectaculaire, mais donnera une idée du phénomène naturel.

Le matériel nécessaire
- Un récipient transparent (saladier de 5 litres minimum ou cuve en plastique).
- 1 kg d'argile ou de pâte à modeler.
- 1 kg de sable.
- Du papier aluminium ou une plaque souple en aluminium.
- Un tube rigide de 0,5 cm de diamètre.
- Un arrosoir d'intérieur.
- De l'eau.

Réalisation

Dispositif

1. Disposez une première couche d'argile* au fond du récipient.

2. Disposez une couche épaisse de sable* sur l'argile, parallèlement à elle.

3. Creusez un trou dans la partie centrale du sable ; veillez à ne pas atteindre la couche d'argile.

4. Placez une feuille de papier aluminium au-dessus du trou creusé dans le sable (voir **figure** ci-dessous).

5. Disposez une nouvelle couche d'argile au-dessus de la feuille de papier aluminium, pour stabiliser l'ensemble.

Le dispositif est prêt pour commencer l'expérience.

Expérience

1. Versez dans le sable, par un côté du récipient, la quantité d'eau nécessaire pour que l'eau, après s'être infiltrée, réapparaisse du côté opposé.

2. Réalisez alors un forage* avec le tube rigide. Enfoncez celui-ci verticalement dans la couche supérieure d'argile puis dans le sable (voir **figure** ci-dessous). Veillez à ne pas atteindre la couche inférieure d'argile. Le tube peut se boucher quand on l'enfonce : dans ce cas, débouchez-le avec une épingle. Observez le résultat.

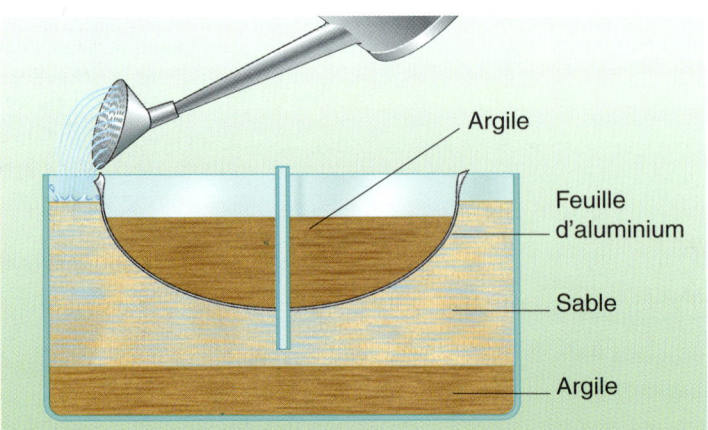

Résultats

Si le tube est bien ouvert, l'eau remonte et sort du tube jusqu'à une certaine hauteur. Le point le plus haut du « jet d'eau » se situe un peu au-dessous du niveau d'eau dans la couche de sable. Si l'on ne rajoute pas d'eau, l'écoulement cessera au bout d'un court moment. Si l'on rajoute de l'eau, le jaillissement ne sera cependant pas simultané.

Interprétation

Le phénomène observé est une variante du principe des vases communicants, se produisant au ralenti. L'eau est en effet introduite à une hauteur supérieure à son point de sortie. En s'infiltrant, elle passe (elle percole*) dans le sable disposé entre les deux couches d'argile et auquel on a donné la forme d'un tube en U. Au point le plus bas du récipient, l'eau se retrouve sous pression par rapport au point où on l'a introduite, puisqu'elle est à un niveau inférieur.

L'introduction du tube va libérer cette eau sous pression : elle s'échappe en formant un petit jet d'eau. Elle s'arrêtera de jaillir quand elle n'aura plus assez de pression, c'est-à-dire lorsque le niveau sera le même à l'intérieur et à l'extérieur du tube.

Toutefois, la comparaison avec un tube en U est approximative : elle est juste en ce qui concerne la différence de pression entre point haut et point bas ; elle ne l'est pas en ce qui concerne la circulation de l'eau, car celle-ci est freinée entre les grains de sable sous l'effet de la capillarité*.

Dans la nature

Dans la nature, l'eau se retrouve sous pression quand elle est contenue dans une couche* perméable coincée entre deux couches imperméables : la nappe phréatique* est alors dite captive. L'eau est également mise sous pression sous l'effet de la gravité quand l'ensemble des couches est incurvé, un peu comme sous l'effet d'un plissement*.

L'exemple est donné, dans le Bassin parisien, par une couche de sables verts qui affleure dans l'Aube, en Champagne, entre 200 m et 300 m

La colonne artésienne du Puits de Grenelle. Vingt ans après son forage, le puits fonctionnait et avait été aménagé en fontaine.

d'altitude. Encadrée d'argile au-dessous et au-dessus, cette couche retient une nappe phréatique. L'ensemble sable + argile + nappe descend lentement en direction de Paris, qui est le centre du bassin (50 m d'altitude environ), jusqu'à une profondeur d'environ 600 m.

En 1850, lorsque l'on a effectué un forage, dans cette nappe, dans le quartier parisien de Grenelle, l'eau a jailli à 40 m au-dessus du sol. Mais, avec le temps la multiplication des puits a provoqué la diminution du débit et de la pression. La nappe était approvisionnée plus lentement qu'on ne l'exploitait : il faut en effet 30 000 ans pour que l'eau voyage de l'Aube à Paris ! En un siècle, le niveau piézométrique est passé, à Paris, de 120 m à 20 m seulement.

À l'échelle de la planète, l'une des plus importantes nappes artésiennes est celle retenue sous le Sahara (de 50 m à 2 500 m de profondeur).

Mots clés

• Argile • Capillarité • Forage • Gravité • Imperméabilité • Nappe phréatique • Niveau piézométrique • Percolation • Perméabilité • Pression • Sable •

4.7 Le piégeage du pétrole

Le pétrole est une des principales sources d'énergie. C'est une roche* liquide moins dense que l'eau et évidemment que les roches qui la contiennent, comme les sables*, les grès* ou les calcaires*. Le pétrole a donc tendance à «flotter» et à remonter naturellement à la surface du sol*.

Sous l'effet de la pression qui règne en profondeur, cette tendance est encore renforcée. Si le pétrole n'était pas arrêté par des couches* imperméables, il remonterait constamment à la surface et serait détruit par oxydation. C'est ce qui a dû arriver à une grande partie du pétrole formé au cours des temps géologiques. L'expérience proposée ci-dessous est un exemple, parmi de nombreux autres, de la manière dont le pétrole peut être arrêté lors de sa remontée vers la surface, et se trouver ainsi «piégé» pour former un gisement*.

Le matériel nécessaire

- Un récipient transparent ou bocal de 4 litres.
- Trois tubes en métal ou en plastique rigide.
- Une poire à lavement, dont l'embout devra s'adapter au diamètre des tubes.
- 1 ou 2 kg de sable, de dimensions comprises entre 0,2 et 1 mm (pour éviter les phénomènes de capillarité, qui retarderaient la circulation du pétrole).
- De l'argile ou de la pâte à modeler.
- Une plaque métallique mince ou du papier aluminium.
- Du pétrole pour lampe.
- Du bleu de méthylène (quelques gouttes).
- De l'eau.

Réalisation

1. Placez le sable* dans le récipient. Disposez-le comme sur la **figure** ci-contre : on s'aidera de la plaque, enfoncée obliquement, pour maintenir le sable. Laissez environ 2 cm de hauteur de sable dans la partie droite du récipient.

2. Disposez une couche d'argile* (ou de pâte à modeler) sur la couche de sable la plus mince : collez bien l'argile à la plaque pour obtenir un dispositif hermétique.

3. Enfoncez les trois tubes en les disposant comme sur la figure.

4. Imbibez le sable d'eau, en versant celle-ci dans le tube de droite (qui traverse la couche d'argile).

5. Enfin, injectez progressivement dans le fond du récipient, par le tube de gauche, qui ne traverse que le sable, le pétrole coloré au bleu de méthylène. Observez, par transparence, le trajet ultérieur du pétrole.

6. Vers la fin de l'expérience, quand le pétrole a atteint le niveau de l'argile, injectez du pétrole coloré dans le fond du récipient, cette fois-ci par le tube du milieu (voir **figure**). Observez.

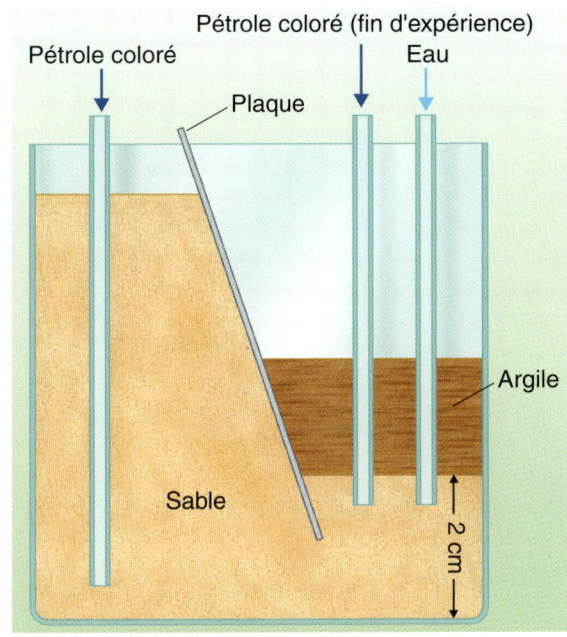

Dans la nature

La forme en biseau, donnée aux couches de sable et d'argile dans l'expérience, correspond, dans le sous-sol*, à la disposition des failles* obliques (voir p. 94) : c'est un des types de piège dans lequel on peut trouver du pétrole. On en trouve également dans des deltas* fossiles* (voir p. 38). Mais il existe bien d'autres pièges, qu'il serait plus difficile d'imiter.

Le dispositif de l'expérience reproduit, en très simplifié, celui d'un forage* pétrolier productif ; il suffirait de trouver un moyen d'aspirer le pétrole au lieu de l'injecter pour réaliser un « mini forage ». Sur le terrain, on conçoit, quand on dispose uniquement d'observations de surface, qu'il soit difficile de réussir aisément un forage productif. C'est pourquoi les ingénieurs sont contraints d'effectuer toute une série de sondages* pour connaître la disposition des couches perméables et poreuses*, et, en l'occurrence, porteuses de pétroles (voir photo).

Résultats

Le pétrole, moins dense que l'eau (0,9 contre 1), tend à remonter, lentement, vers la surface. Du côté où le sable affleure* (à gauche), le pétrole atteint la surface. Du côté où l'argile est présente (à droite), le pétrole cesse de monter et s'accumule sous cette couche*. En fin d'expérience, le pétrole injecté dans le deuxième tube de droite, descend progressivement et remonte de l'autre côté, le long de la plaque métallique.

Interprétation

On observe en miniature ce qui se réalise dans la nature quand une couche imperméable arrête le processus naturel de remontée d'un fluide moins dense que le milieu qui le contient : le fluide, ici le pétrole, est piégé ; son ascension ne pouvant plus s'effectuer, il s'accumule sous le piège. Dans le cas de l'injection finale de pétrole, ce dernier a saturé le volume de sable situé sous l'argile ; il s'échappe en passant sous la plaque inclinée et remonte de l'autre côté, comme le pétrole qui avait été injecté, en début d'expérience, dans le sable non recouvert.

Mots clés

• Argile • Delta • Densité • Faille • Fluide • Forage • Imperméabilité • Pétrole • Sable • Sondage • Sous-sol •

Des techniciens (à gauche) sortent une carotte d'un tube de sondage.

4. L'eau dans le sous-sol

5. Quelques phénomènes chimiques

La planète est une usine chimique géante ! Bien des phénomènes qui se déroulent en surface et en profondeur sont d'origine chimique. La formation du sel*, la fabrication de pétrole, l'attaque du calcaire* par l'acidité des pluies sont quelques exemples que nous étudierons dans ce chapitre.

Comme les phénomènes observés dans les chapitres précédents, les phénomènes chimiques étudiés ici participent au modelage du relief* terrestre. Cependant, les expériences présentées ici, souvent simples et spectaculaires, ne constituent qu'une très faible illustration de l'ensemble des phénomènes chimiques qui se déroulent à la surface et dans les profondeurs de la planète Terre*. Les roches subissent, par exemple, de profondes transformations à l'intérieur du globe, sous l'effet de températures de plusieurs centaines de degrés et de pressions de milliers d'atmosphère*. C'est ainsi que se forment le granite ou les laves volcaniques. Les conditions de leur formation sont évidement difficile à reproduire sans un équipement très compliqué et coûteux, dont seuls disposent les laboratoires spécialisés.

Les réactions chimiques présentées dans ce chapitre, comme celles reproduites en laboratoire ou dans la nature, se déroulent toutes à la même vitesse pour un corps chimique donné – c'est en effet une constante propre aux corps – pour un même volume. Il faudra simplement mille fois plus de temps pour cristalliser une tonne de sel qu'un kilo de sel !

Paludier raclant le sel dans des marais salants.

5.1 La cristallisation

Les minéraux* constitutifs des roches* sont faits de cristaux*. En d'autres termes, ils ont une forme géométrique définie. Le sel* ou les pierres précieuses ont, par exemple, une structure cristalline* bien visible à l'œil nu. Le processus physico-chimique qui donne naissance aux cristaux est la cristallisation*. L'expérience qui suit permet de visualiser une forme de cristallisation, celle du sel de cuisine à partir de l'eau de mer. Ce sel, du chlorure de sodium, est un corps minéral dont le processus de cristallisation présente l'avantage d'être relativement rapide et très facile à provoquer.

Réalisation

La réalisation est extrêmement simple.

1. Commencez par dissoudre entièrement le sel dans l'eau placée dans le récipient.

2. Procédez ensuite de l'une des deux façons suivantes :

Méthode n° 1. Chauffez le récipient soit dans un four, soit dans une casserole sur une plaque électrique ou sur une flamme vive, jusqu'à ce que toute l'eau se soit évaporée.

Méthode n° 2. Laissez le récipient à l'air libre, dans un endroit chaud, au Soleil sur le balcon en période estivale, ou près d'une source de chaleur en hiver.

3. Observez le résultat, qui est rapide (quelques minutes) dans le premier cas, mais qui peut prendre quelques jours dans le second.

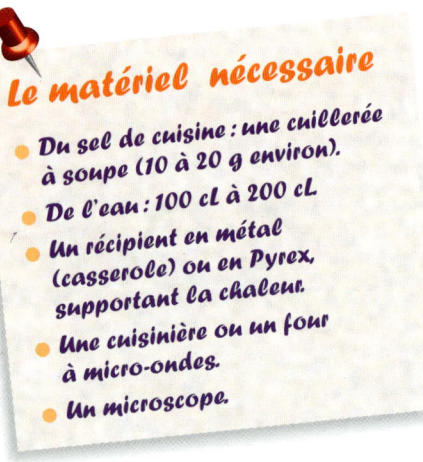

Le matériel nécessaire

- Du sel de cuisine : une cuillerée à soupe (10 à 20 g environ).
- De l'eau : 100 cL à 200 cL
- Un récipient en métal (casserole) ou en Pyrex, supportant la chaleur.
- Une cuisinière ou un four à micro-ondes.
- Un microscope.

Les sebkhas sont des marécages salés qui occupent le fond de dépressions dans des régions désertiques (ici au Chili).

Résultats

Méthode n° 1. Une poudre blanche s'est déposée sur les parois du récipient : à l'observation, elle apparaît constituée d'une multitude de petits cristaux de sel. Au microscope, les cristaux se présentent sous formes de cubes.

Méthode n° 2. Le fond du récipient apparaît tapissé de cristaux cubiques, de dimension millimétrique, et donc visibles à l'œil nu. Si l'évaporation a été très lente, la taille des cristaux pourra être supérieure.

À gauche, sel dissous dans de l'eau, à droite cristaux de sel.

Interprétation

Dans les deux cas, l'eau s'est évaporée, autrement dit elle est passée de l'état liquide à l'état de gaz. Le sel, dissous* dans cette eau, lui, redevient solide. Des cristaux de sel se forment : ce corps chimique a donc cristallisé* après évaporation de l'eau. Au microscope, le système cristallin du sel forme un prisme* de type cubique, c'est-à-dire à base carrée. Toutefois, les dimensions des cubes sont très variables (voir **figure** ci-dessous).

La taille d'un cristal est fonction du temps de cristallisation. En effet, comme la vitesse est une constante propre à chaque corps, plus le temps de cristallisation est long, plus les cristaux sont gros et réciproquement. Le phénomène, physique, peut se comprendre aisément : 100 000 molécules mettront dix fois plus de temps à cristalliser que 10 000 molécules ; en d'autres termes, il leur faudra dix fois plus de temps pour « s'accrocher » les unes aux autres, mais la masse du cristal sera dix fois plus grande.

Au tout début de la cristallisation, apparaissent des germes : ce sont les premières associations de molécules à l'état solide. Si l'on chauffe artificiellement le mélange [eau + sel], pour provoquer une cristallisation très rapide, les germes sont très nombreux ; les cristaux sont eux aussi très nombreux mais très petits, car peu de molécules ont eu le temps de se fixer sur chaque germe.

Dans la nature

Dans la nature, le sel forme des dépôts* qui sont exploités pour l'alimentation, le salage des routes ou l'industrie chimique. Il est extrait de la mer ou des mines (on parle, dans ce dernier cas, de sel gemme* ou halite*).

Dans certaines régions côtières, des bassins peu profonds et alimentés par l'eau de mer ont été aménagés : les marais salants. Ils sont situés dans des régions ensoleillées ou battues par le vent, conditions favorables à l'évaporation et donc à la cristallisation du sel dissous dans l'eau de mer. Une fois cristallisé, le sel déposé est périodiquement récolté par les paludiers qui raclent le fond des bassins.

Dans certaines régions désertiques, il existe, au fond de dépressions, des marécages salés encore appelés sebkhas, dont les pourtours sont formés de croûtes de sel (voir la photographie page de gauche).

La cristallisation par évaporation est une des modalités de formation des cristaux. Les structures cristallines des minéraux* des roches* formées en profondeur (granite, gneiss, etc.) apparaissent, quant à elles, lors de leur refroidissement.

Mots clés

• Bassin • Cristal • Cristallisation • Dissolution • Évaporation • Germe • Halite • Marais salant • Mer • Sel • Sel gemme • Sebkha •

5.2 La fabrication d'hydrocarbures

Pour nous chauffer, nous déplacer ou faire tourner les machines, nous utilisons du pétrole ou du gaz comme sources d'énergie.
Ces corps naturels sont des hydrocarbures, constitués de carbone et d'hydrogène.
Ils s'accumulent dans des gisements* situés sous les continents ou les mers. Leur origine est naturelle car ils proviennent de la lente décomposition de la matière organique accumulée, surtout végétale. Ce processus de décomposition comporte de nombreuses réactions chimiques déclenchées par des agents microscopiques, tels des bactéries ou d'autres organismes contenus dans le sol* ou l'eau.
L'expérience proposée ici est de réalisation facile, mais demande de la patience, car les réactions sont lentes et les quantités d'hydrocarbures produites très faibles.

Réalisation

1. Disposez les feuilles au fond du récipient, et faites-les tremper en les recouvrant complètement d'eau.

2. Recouvrez très soigneusement le tout d'une couche d'argile* pure de 2 cm d'épaisseur, qui doit isoler complètement le matériel organique (feuilles + eau) de l'air.

3. Versez l'eau dans le récipient avec de grandes précautions, pour ne pas trouer la couche d'argile.

4. Placez le récipient dans un endroit sombre, non aéré – par exemple une cave, qui ne doit pas être trop fraîche – et isolé, pour ne pas avoir à souffrir des odeurs.

5. Laissez reposer le dispositif au moins 8 jours.

matériel nécessaire
- Un récipient transparent (de 1 L).
- Des feuilles ou de l'herbe (300 g environ).
- De l'eau (0,5 L).
- De l'argile pure (200 g).

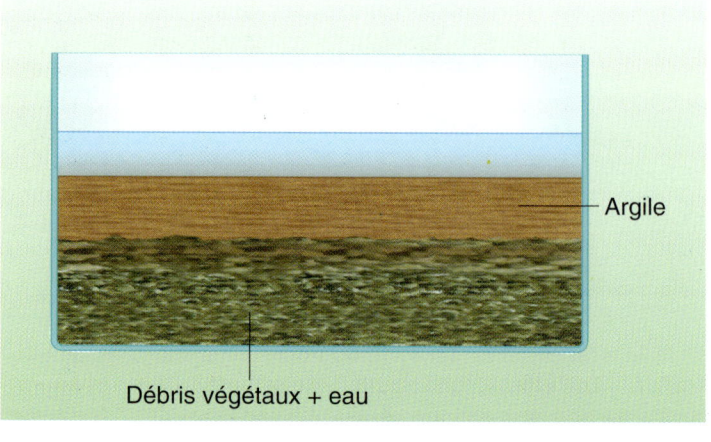

Résultats

Si tout se passe bien, on observe un dégagement de bulles qui viennent crever en surface. On peut également voir, à la surface de l'eau, des reflets de couleurs variées, ou irisations.

Si rien ne se produit, la température est peut-être insuffisante : dans ce cas, il est nécessaire d'attendre plus longtemps. Autre explication possible : un manque de matière organique initiale. Il faut alors recommencer toute la manipulation avec davantage de matière végétale.

Interprétation

Les bulles produites correspondent à un dégagement de gaz, dont l'analyse montrerait qu'il s'agit de méthane (formule chimique : CH_4). On pourrait d'ailleurs compléter l'expérience en installant un dispositif de récupération du gaz, qu'il suffirait ensuite d'enflammer avec une allumette : cette dernière expérience démontrerait la nature du gaz, un hydrocarbure, qui se combine très facilement avec l'oxygène par une combustion rapide.

Les reflets ou irisations sont dus à un mélange de produits organiques, dérivés de la matière végétale, dont des hydrocarbures liquides et des graisses. Ces dernières sont libérées par la décomposition et la putréfaction des tissus végétaux, sous l'action d'organismes microscopiques divers.

Dans la nature

Dans la nature, les processus sont de même type, mais ils sont très compliqués et se déroulent à l'échelle des temps géologiques. La constitution d'un gisement de pétrole nécessite en effet plusieurs millions d'années. L'étude des hydrocarbures fait l'objet d'une discipline particulière : la géochimie organique. En milieu naturel, le processus de décomposition à l'origine de la formation d'un hydrocarbure a lieu soit en surface, soit au fond de l'eau. Dans le premier cas, les débris organiques sont au contact de l'oxygène de l'air : les réactions chimiques conduisent à la destruction, par oxydation plus ou moins totale, de la matière et aboutit à la production de gaz carbonique et d'eau. Dans le second cas, les milieux – tels que les tourbières ou les marais – sont privés d'oxygène (on dit qu'il sont anoxiques) ; l'évolution est alors différente et conduit à la production d'hydrocarbures, combinaisons chimiques d'atomes d'hydrogène (H) et de carbone (C).

Les marais sont des milieux favorables à la production d'hydrocarbures.

La genèse d'un gisement d'hydrocarbures suppose donc au préalable une importante accumulation de matière organique et des conditions à l'abri de l'oxygène pour empêcher sa destruction. Sa transformation se produit sous l'action de bactéries et se poursuit par des réactions chimiques complexes qui dépendent de la température et de la profondeur d'enfouissement. La roche* où se forment les hydrocarbures est qualifiée de roche mère ; elle est protégée par un milieu argileux*, donc imperméable, qui piège les hydrocarbures. Parfois, ceux-ci restent sur place et donnent naissance aux shales* bitumineux, qui sont des argiles* compactées* imprégnées d'hydrocarbures. Le plus souvent, les hydrocarbures, liquides et gazeux, finissent par migrer vers le haut, du fait de leur faible densité, et s'accumulent dans des réservoirs, les roches-magasins* surmontées par un toit d'argile imperméable (voir p. 74).

Quand le milieu ne permet pas la formation d'hydrocarbures et que les produits de décomposition sont détruits par oxydation, une réaction voisine de celle observée dans l'expérience décrite ci-contre se produit dans la nature : il se forme du phosphure d'hydrogène, gaz qui s'enflamme spontanément au contact de l'air. C'est ce qui explique les feux follets, ces lumières que l'on voit parfois à la nuit tombante au-dessus des marais.

Mots clés

• Argile • Feu follet • Gaz • Gisement • Hydrocarbure • Imperméabilité • Marais • Matière organique • Oxydation • Pétrole • Tourbière • Shale bitumeux • Roche mère • Roche-magasin •

5.3 L'attaque acide des roches calcaires

Les paysages calcaires en France sont nombreux et très divers. En Bourgogne, dans les Causses, le Jura, le Vercors, etc., il est fréquent d'observer des dépressions plus ou moins circulaires en surface, des cavités dans les falaises, ou même des grottes dans le sous-sol. Tous ces « creux » résultent d'une propriété particulière des roches calcaires : celle d'être facilement solubles dans l'eau, surtout si celle-ci est chargée en gaz carbonique. Les roches calcaires sont des roches sédimentaires* composées principalement de calcite*, ou carbonate de calcium. Un corps peu stable, comme nous allons le constater dans cet essai et le suivant.

Le matériel nécessaire

- Soit : une bouteille en plastique transparent incolore de 0,5 L, avec bouchon à vis.
- Soit : 2 tubes à pied (ou avec supports) en Pyrex de 0,5 L et des bouchons en caoutchouc adaptés au diamètre des tubes.
- 1 ou 2 g de calcaire. Utiliser de la craie ou du carbonate de calcium pur (calcite*), en poudre très fine et sèche. À éviter : la craie des tableaux, faite de plâtre.
- De l'eau gazeuse.
- De l'eau pure (distillée). (dans l'option avec les tubes).

Réalisation

Avec la bouteille en plastique

1. Introduisez la poudre de calcaire dans la bouteille.

2. Versez très vite l'eau gazeuse sur la poudre, en remplissant à moitié la bouteille.

3. Fermez hermétiquement la bouteille avec le bouchon à vis. Observez.

4. Ouvrez la bouteille en l'agitant légèrement et observez à nouveau.

Avec les tubes

1. Versez la poudre dans les deux tubes.

2. Dans un premier tube (A), versez de l'eau pure. Dans le deuxième tube (B), versez l'eau gazeuse.

3. Bouchez hermétiquement les tubes et agitez-les. Observez

4. Ouvrez le tube B en l'agitant et observez à nouveau.

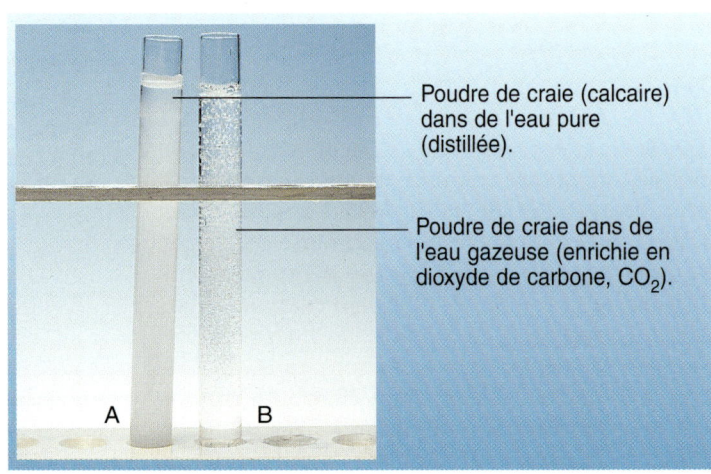

Poudre de craie (calcaire) dans de l'eau pure (distillée).

Poudre de craie dans de l'eau gazeuse (enrichie en dioxyde de carbone, CO_2).

Résultats

Dans la bouteille, la poudre carbonatée disparaît peu à peu, en même temps qu'une partie du dioxyde de carbone se dégage. La plus grande partie de la poudre est dissoute, seul l'excès retombe au fond. Quand on enlève le bouchon, le gaz s'échappe : on voit alors apparaître des flocons qui s'agglomèrent, montent et descendent dans l'eau, pour finalement tomber au fond quand il n'y a plus de gaz.
Dans le tube A, la poudre ne se dissout pas avec l'eau pure. Dans le tube B, on observe la disparition progressive de la poudre, dont il ne reste qu'un fond, si elle est en excès. Quand on ouvre le tube B, le gaz carbonique s'échappe et la poudre réapparaît sous forme de flocons plus ou moins agglomérés, qui finissent par tapisser le fond du tube.

Interprétation

L'eau pure ne dissout pas la calcite de façon visible (tube A). Mais l'eau gazeuse, enrichie en dioxyde de carbone, la dissout immédiatement. Dès que le gaz disparaît, la calcite réapparaît : c'est elle qui précipite en flocons. Que se passe-t-il ?
Le dioxyde de carbone (CO_2) se mélange à l'eau (H_2O) pour donner de l'acide carbonique (H_2CO_3) :

$$CO_2 + H_2O \longrightarrow H_2CO_3$$

Cet acide attaque la calcite ($CaCO_3$ ou carbonate de calcium), formée de calcium (Ca) et de carbonate (CO_3). Apparaît un nouveau corps, le bicarbonate de calcium ($Ca(CO_3)H_2$). La réaction est la suivante :

$$CaCO_3 + H_2CO_3 \longrightarrow Ca(CO_3)H_2$$

Le bicarbonate de calcium est soluble dans l'eau. Voilà comment disparaît la poudre carbonatée !
En fin d'expérience, quand on enlève le bouchon, le dioxyde de carbone s'échappe, car sa liaison avec l'eau est "faible". Le caractère acide disparaît et la calcite réapparaît (elle précipite), comme le montre la réaction suivante :

$$Ca(CO_3)H_2 \longrightarrow CaCO_3 + CO_2 + H_2O$$

Si l'on rajoute de l'eau gazeuse, le phénomène se reproduira. Ces réactions sont dites réversibles.

Dans la nature

Dans la nature, les roches calcaires sont constamment soumises à une attaque acide sous l'action d'une eau de pluie plus ou moins chargée en gaz carbonique. Ce dernier, aussi nommé dioxyde de carbone comme l'impose de plus en plus un usage imité de l'américain, est produit principalement par la combustion de la matière organique ou les éruptions volcaniques, et « capté » par les végétaux.
Le phénomène naturel de dissolution du calcaire conduit au relief karstique*, qui doit son nom à la région de Karst, en Slovénie. L'eau attaque la roche d'autant plus facilement que celle-ci présente des fissures, dues soit au gel (voir chapitre 3), soit à la fracture tectonique (voir chapitre 6).
Ces attaques modifient les reliefs calcaires. En montagne, des plateaux sont découpés en tous sens de profonds sillons : ce sont des lapiaz ou lapiez* (le désert de Platé en Haute-Savoie est un immense lapiez). Vers la surface, le plafond calcaire aminci s'effondre et donne naissance à des dépressions circulaires, appelées dolines*, ouvalas* ou poljés* selon leur taille. En profondeur, les eaux souterraines enlèvent, toujours par dissolution, une grande quantité de calcaire et forment des cavités plus ou moins développées, appelées grottes, gouffres ou avens.
La dernière réaction chimique (qui conduit à la précipitation de la calcite) illustre la formation de stalactites* et de stalagmites*. Les eaux s'infiltrent dans la roche, creusent des vides souterrains et se chargent en bicarbonate de calcium, composé instable : si la température de l'eau ou la pression partielle du dioxyde de carbone changent, la calcite forme des dépôts qui donnent naissance aux concrétions calcaires.
Dans certaines régions, la pollution donne naissance à des « pluies acides » encore plus agressives pour le calcaire. Les effets sont visibles sur les édifices ou les statues construits dans ce type de roches.

Mots clés

• Acide • Aven • Calcaire • Calcite • Dioxyde de carbone • Dissolution • Doline • Gouffre • Grotte • Karst • Lapiez • Ouvala • Pluie acide • Poljé • Précipité • Stalactite • Stalagmite •

5. Quelques phénomènes chimiques

5.4 La décomposition du calcaire par la chaleur

Le calcaire est une roche* carbonatée, composée pour l'essentiel de calcite* ou carbonate de calcium (voir l'expérience précédente). La calcite est un minéral* relativement instable, facilement détruit sous l'action de causes naturelles. Dans l'expérience précédente, nous avions vu que l'attaque acide* décomposait la calcite et provoquait sa dissolution*. Un autre facteur peut aussi détruire la calcite : la chaleur. Nous le montrons ici.

Réalisation

1. Placez la roche pulvérisée dans le tube à essai.
2. Diluez la chaux dans l'eau du bécher.
3. Fermez le tube à essai avec le bouchon percé, dans lequel on a introduit le tube coudé, qui doit, après avoir été introduit dans le bouchon percé fermant le bécher, plonger dans l'eau de chaux. Le matériel est prêt pour commencer l'expérience.
4. Tenez le tube à essai par le haut avec la pince en bois et chauffez le bas du tube. Observez.

Le matériel nécessaire

- Un morceau de 100 g de calcaire. Il vaut mieux réduire en poudre la roche à l'aide d'un marteau.
- Un tube à essai en Pyrex.
- Un tube en verre coudé.
- Deux bouchons percés en caoutchouc.
- Un bécher de 300 ml ou un verre en Pyrex rempli d'eau.
- Une pince en bois.
- Un bec Bunsen ou une gazinière.
- De l'eau de chaux, c'est-à-dire de la chaux de maçon diluée dans de l'eau pure (distillée).

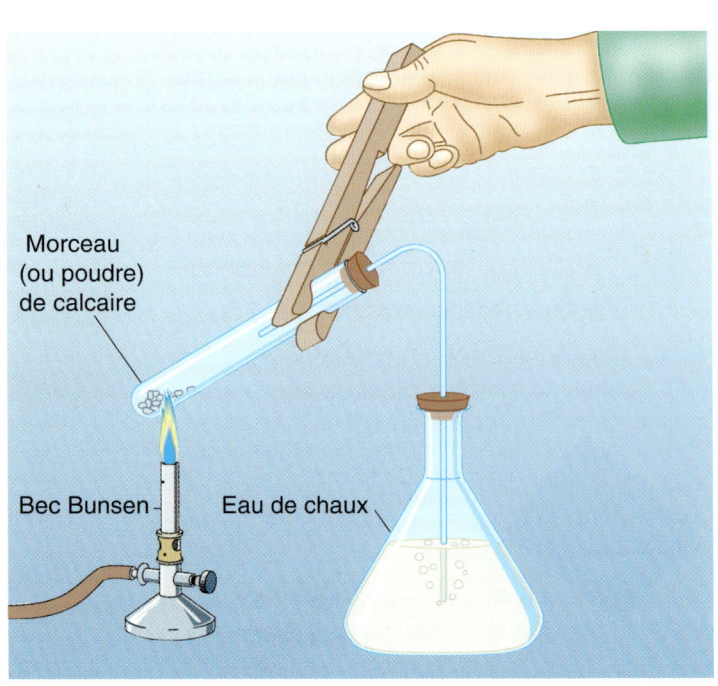

Résultats

Au bout de quelque temps, des bulles se dégagent dans l'eau du bécher. Après quelques minutes de chauffage, le dégagement gazeux cesse définitivement. L'eau du bécher se trouble et un précipité apparaît (voir la **figure** page de gauche).
Quel est le gaz dégagé ? Quelle est la nature du précipité ? Deux tests simples permettent de le savoir.
Le premier test consiste à déterminer la nature du gaz : si l'on introduit rapidement une allumette enflammée par le trou du bouchon fermant le bécher, elle s'éteint immédiatement.
Le deuxième test permet de déterminer la nature du précipité : nous avons vu que l'eau de chaux du bécher s'est troublée au cours de l'expérience ; si l'on verse une goutte d'acide dans cette eau, on observe une effervescence.

Interprétation

1er test : l'extinction de l'allumette signifie que le gaz ne peut pas favoriser la combustion : ce n'est donc pas de l'oxygène.

2e test : l'effervescence causée par la goutte d'acide prouve que le précipité est du carbonate. Quant au gaz qui a permis la "fabrication" de carbonate avec la chaux, il s'agit de dioxyde de carbone. C'est lui qui empêche la combustion.

Le carbonate, qui s'est reconstitué par la combinaison du dioxyde de carbone CO_2 et de l'eau de chaux $Ca(OH)_2$, ne peut être que de la calcite ($CaCO_3$), selon la réaction suivante :

$$Ca(OH)_2 + CO_2 \text{ dégagé} \longrightarrow CaCO_3 + H_2O$$

Que reste-t-il dans le tube à essai chauffé ? C'est facile à déduire, si on écrit :

$$CaCO_3 + CO_2 \text{ dégagé} \longrightarrow CaO$$

Le composé formé, CaO, est de la chaux vive. Mieux vaut ne pas la toucher, car c'est une base* qui attaque la matière organique et donc la peau. Vous le vérifierez aisément en plaçant un petit morceau de viande qui deviendra liquide au contact de la chaux.

Précisons que la chaux utilisée en maçonnerie est additionnée d'eau, ce qui a pour effet d'annuler son caractère agressif, d'où son nom de chaux éteinte ($Ca(OH)_2$), appelée aussi chaux hydratée : c'est la solution utilisée dans cette expérience.

Dans la nature

Dans la nature, c'est la deuxième réaction qui se produit (la formation de chaux vive à partir de calcite). Mais l'attaque d'une roche calcaire* par la chaleur est rare et concerne quelques calcaires seulement, dits pierres à chaux. Elle survient dans certaines régions, sous l'effet de coulées de lave volcanique, à 1 000 °C environ. Dès l'Antiquité, les hommes ont découvert le moyen de fabriquer de la chaux par calcination de calcaires. Ils l'utilisaient comment ciment. C'est d'ailleurs le premier ciment découvert.

Mots clés

• Calcaire • Calcite • Chaux éteinte • Chaux vive •
Ciment • Lave • Pierre à chaux • Précipité • Volcan •

Four à chaux.

5.5 La décomposition du gypse par la chaleur

Nous avons vu que la calcite* est un minéral instable à très forte température supérieure à 400 °C. L'expérience proposée ici est réalisée avec un autre minéral instable, le gypse.

C'est une roche* sédimentaire* saline qui forme des gisements*. Le gypse est également nommé pierre à plâtre car, après chauffage, il se transforme en plâtre. Il se modifie donc sous l'effet de la chaleur, comme la calcite. L'expérience est très facile à réaliser.

Réalisation

1. Placez, au fond du tube à essai, le gypse réduit préalablement en poudre à l'aide d'un marteau. Bouchez le tube avec le bouchon en caoutchouc et installez le tube coudé.

2. Avec la pince en bois, tenez d'une main le tube à essai au-dessus d'une source de chaleur (bec Bunsen ou gazinière) ; de l'autre main, placez le bécher sous le tube coudé et attendez.

Le matériel nécessaire

- Du gypse. On le trouve soit autour de Paris (carrières de Cormeilles-en-Parisis), soit dans la région alpine ; on peut aussi l'acheter dans les bourses de minéraux.
- Un tube à essai en Pyrex.
- Un bécher.
- Un bouchon percé en caoutchouc.
- Un tube en verre coudé.
- Un bec Bunsen ou une gazinière.
- Une pince en bois.

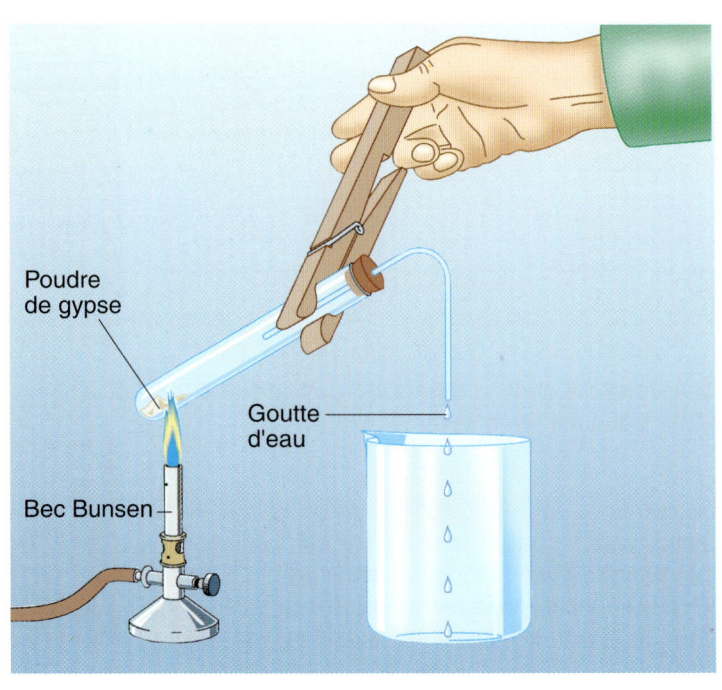

Résultats

En quelques minutes, on observe un dégagement de vapeur, qui se transforme en eau dans le tube coudé et vient tomber en gouttes dans le bécher. La quantité d'eau recueillie ne sera pas très élevée : environ 16 g pour 100 g de gypse. Dans le fond du tube à essai, reste une poudre très blanche : c'est du plâtre.

Interprétation

Cette expérience souligne l'instabilité de certains corps, déjà observée pour la calcite. Dans le cas du gypse, la transformation est facile et rapide : il y a eu déshydratation, c'est-à-dire que le gypse a perdu son eau.

La formule chimique du gypse est $CaSO_4 2H_2O$: c'est un sulfate (SO_4) hydraté (deux molécules d'eau, H_2O) de calcium (Ca). Mais les molécules d'eau, associées au sulfate, ne lui sont pas très fortement liées : elles sont facilement libérées par un apport d'énergie, comme la chaleur du gaz, qui rompt la liaison avec SO_4. Le dépôt blanc dans le tube à essai est fait de sulfate encore légèrement hydraté suivant la formule :

$$CaSO_4 2H_2O \rightarrow CaSO_4 \frac{1}{2} H_2O + 3\left(\frac{1}{2} H_2O\right)$$

$CaSO_4 \frac{1}{2} H_2O$ est la formule chimique du plâtre.

Dans la nature

Le gypse, ou pierre à plâtre, est un minéral* qui forme des gisements. C'est une roche de nature saline et d'origine évaporitique*. Autrement dit, elle s'est déposée lors de l'évaporation d'une eau chargée en substance saline, ici un sulfate de calcium, qui était dissous dans l'eau d'une lagune* – un bassin* isolé de la mer – puis s'est progressivement asséché.

Le gypse est donc une substance naturelle, dérivant initialement d'un sel* dissous*, et qui est susceptible de se dissoudre à nouveau dans l'eau : c'est pourquoi on ne rencontre cette roche que lorsqu'elle est protégée par des couches* d'argile*, seule roche sédimentaire* suffisamment imperméable (voir l'expérience « une couche imperméable », p. 68) pour assurer sa conservation au fil des temps géologiques.

Mots clés

• Argile • Bassin • Calcite • Dissolution • Évaporation • Gisement • Gypse • Plâtre • Roche saline • Sel •

Affleurement* de gypse à Cormeilles-en-Parisis, dans le Bassin parisien.

5. Quelques phénomènes chimiques

6. La déformation des roches

« Soulever des montagnes » est une expression bien connue, mais sait-on que les montagnes* se soulèvent toutes seules ? Car elles ne sont pas immobiles ; elles bougent, même si leur mouvement est imperceptible à nos yeux : un sommet ne s'élève guère plus d'un millimètre par an ; mais après un million d'années, un temps bref dans l'histoire de la Terre*, la montagne aura grandi de mille mètres ! L'érosion* se charge ensuite de détruire les reliefs*. Mais ceci est une autre histoire, objet des précédents chapitres.

Comment naissent et vivent les montagnes ? Nul besoin d'être géologue pour constater que leurs roches sont déformées. Cassures, plis*, torsions sont la preuve qu'elles ont été violemment comprimées. D'où viennent les gigantesques forces de compression qui donnent naissance aux montagnes et déforment les roches* ? De l'affrontement des plaques lithosphériques*. Ces plaques, qui découpent le globe terrestre sur une épaisseur d'une centaine de kilomètres, sont mobiles : elles se déplacent à la vitesse de la croissance d'un ongle, soit entre 2 cm et 10 cm par an. Par rapport à la vitesse d'un escargot, qui est d'environ 5 m à l'heure, elles sont 400 000 à 2 000 000 fois plus lentes ! Toutefois, à l'échelle des temps géologiques, le résultat est considérable : entre 200 et 1 000 km au bout de 10 millions d'années ! Les bouleversements terrestres qu'engendrent ces déplacements sont remarquables. Quand deux plaques entrent en collision, les masses rocheuses ne résistent pas plus que la carrosserie d'une voiture enserrée entre les mâchoires d'un étau géant qui se resserre ! Et quand deux plaques s'écartent, c'est un océan qui naît.

Même si nous vivions plus de mille ans, nous ne pourrions quasiment rien observer de ces mouvements très lents, uniquement décelables par des techniques perfectionnées. Les expériences qui suivent reproduisent les deux types d'accidents visibles dans les couches* géologiques : les déformations* souples, qui donnent naissance aux plis ; et les déformations cassantes qui provoquent des failles*. Ces dernières affectent la croûte* terrestre jusqu'à plusieurs kilomètres de profondeur.

Empilement de roches sédimentaires* (grès* clairs et schistes* noirs), au bord d'une route pyrénéenne, à l'Est d'Andorre.

89

6.1 Un pli anticlinal

Les plis* sont d'observation aisée en montagne*. Dans cette expérience et la suivante, nous simulerons leur formation. Les résultats sont modestes : il s'agit de montrer comment des couches* géologiques se comportent sous l'effet d'une compression.
La manipulation n'est pas compliquée si l'on possède un étau. Sinon, il faut procéder à un peu de bricolage préliminaire.

Le matériel nécessaire

- Des plaques de pâte à modeler de plusieurs couleurs.
- Un étau et une planchette.
- Ou un ensemble composé de :
  – une planchette rectangulaire de 15 sur 25 cm ;
  – trois planchettes carrées de 10 cm sur 10 cm ;
  – une tige filetée de 6 mm de diamètre et une plaque de métal ;
  – 2 vis papillon (diamètre 6 mm) ;
  – des clous ou des vis.

Réalisation

Avec un étau normal

1. Disposez les plaques de pâte à modeler les unes sur les autres, à plat sur la planchette, qui doit se trouver sous les mâchoires de l'étau, la pâte à modeler étant placée juste au niveau de ces mâchoires.

2. Rapprochez lentement les mâchoires de l'étau.

Avec un étau « bricolé »

1. Percez une des trois planchettes carrées d'un trou de 8 mm, situé à mi-hauteur.

2. Fixez, à l'aide de clous ou de vis, deux planchettes carrées (dont celle que vous venez de percer) aux extrémités de la planchette rectangulaire.

3. Disposez les plaques de pâte à modeler à plat sur la planchette rectangulaire, contre la planchette carrée non trouée.

4. Enfilez la tige filetée dans le trou de la planchette carrée et placez les vis papillon de chaque côté.

5. Posez la troisième planchette carrée contre les plaques de pâte à modeler, la plaque de métal « coincée » entre la planchette et la tige filetée. Le matériel est prêt pour la manipulation (**figure a**).

6. Rapprochez les planchettes en tournant les vis papillon.

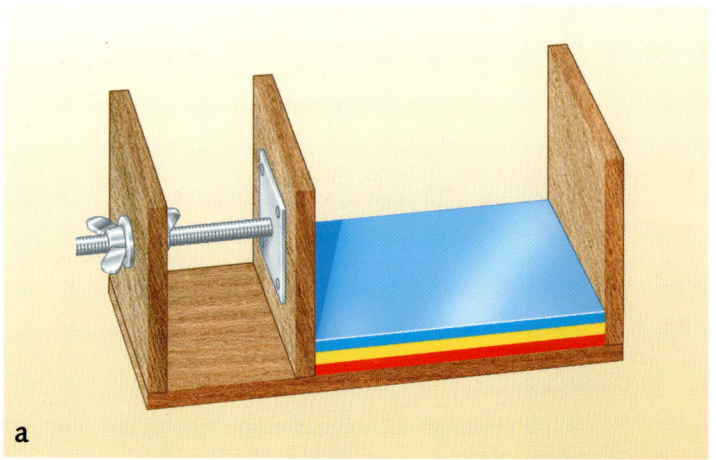

a

Résultats

En rapprochant la planchette ou les mâchoires de l'étau, on provoque le raccourcissement des couches de pâte à modeler et leur plissement*. Veillez à ce que les différentes couches restent bien solidaires, c'est-à-dire qu'il ne se crée pas de vides entre elles : si cela se produit, ajouter un objet pesant, d'une dimension inférieure à la surface des plaques de pâte, et l'enlever après avoir rapproché les planchettes ou les mâchoires de l'étau. Au début, il ne se produit qu'une faible ondulation, puis le phénomène s'accentue et on observe une bosse et un creux, éventuellement plusieurs creux et bosses.

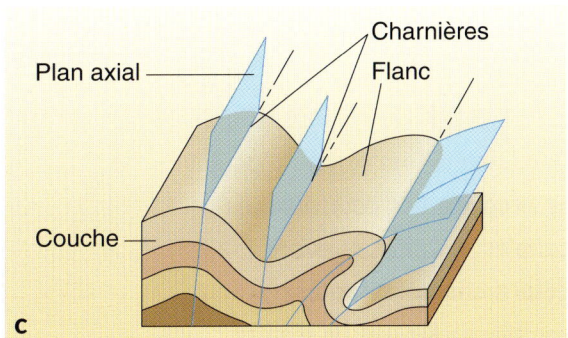

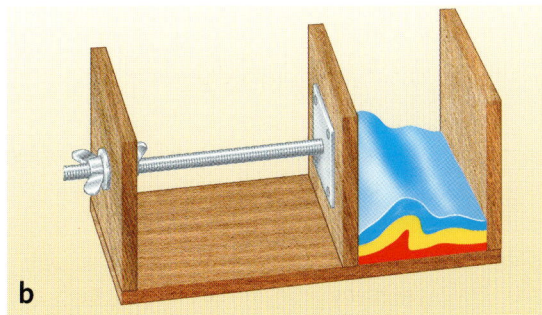

b

Interprétation

Cette manipulation reproduit en miniature ce qui se passe dans la nature à des échelles de plusieurs kilomètres, voire davantage. Les couches* se déforment de façon souple, c'est-à-dire qu'elles se plissent en dessinant des ondulations alternées, comme une nappe que l'on repousse sur une table. Les géologues donnent le nom de synclinaux* aux creux et celui d'anticlinaux* aux bosses. Sur la **figure b** nous avons reproduit un pli* de type anticlinal.

Plusieurs éléments caractérisent un pli (voir **figure c**) : la charnière* (région de courbure maximale) ; les flancs (parties situées entre les charnières) ; l'axe* du pli (ligne passant par le milieu de la charnière) ; le plan axial (surface passant par les charnières de toutes les couches) ; la direction (celle de l'axe du pli). Suivant l'intensité et la complexité des forces de compression en jeu, les plis peuvent prendre plusieurs formes : plis droits, plis couchés, plis qui se chevauchent, etc.

Dans la nature

Sur le terrain, les plis sont plus ou moins apparents. Dans le Vercors et la Chartreuse, des plis dans les couches calcaires* forment des sommets entiers (le Mont Néron, au-dessus de Grenoble, par exemple). Les flancs de la vallée de la Romanche, à Bourg d'Oisans, montrent des plis de formes variées. Les plis sont moins visibles dans les zones couvertes de végétation, comme le Jura, où ils forment cependant l'armature du paysage. Dans les schistes* des Cévennes ou ceux de Quiberon (Bretagne), des plis de quelques décimètres affectent toute la roche, sans toutefois apparaître dans le paysage*. Les plis s'observent d'ailleurs à toutes les échelles, comme en témoigne l'observation au microscope d'un échantillon de roches provenant d'une région plissée.

Les plis résultent de la compression des couches géologiques prises entre les mâchoires du gigantesque étau que sont les plaques lithosphériques*. Ceux des Alpes et du Jura sont nés de la collision entre plaques africaine et européenne, commencée il y a des dizaines de millions d'années. Les plis des Pyrénées et du Languedoc ont pour origine la collision entre les plaques ibérique et européenne (entre −100 et −35 millions d'années). Ceux des Ardennes, de la Bretagne, du Massif Central et des Vosges sont nés d'une collision survenue entre −380 et −320 millions d'années.

Mots clés

• Anticlinal • Collision • Compression • Plaque lithosphérique • Pli • Plissement • Synclinal • Vallée •

6.2 Un pli-faille

Dans une même roche*, il peut se produire des déformations* souples, les plis*, et des déformations cassantes, les failles*. De part et d'autre d'une faille, les roches sont séparées et déplacées. Tout comme pour un pli, le mouvement peut être de l'ordre du millimètre, du mètre, du kilomètre ou même de la centaine de kilomètres. Pour reproduire ce double phénomène de pli-faille, on remplace la pâte à modeler par des sables de différentes couleurs, en utilisant le même dispositif que précédemment.

Réalisation

Commencez par mouiller légèrement les sables de différentes couleurs. Puis déposez-les horizontalement, sans faire de mélange. Procédez comme pour l'expérience précédente (**figure a**).

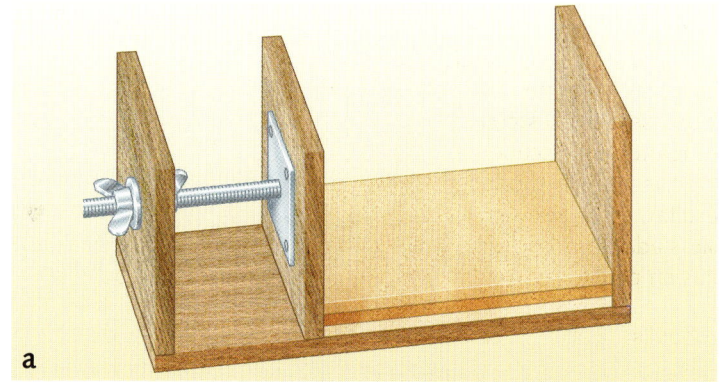

a

Résultats

Dans un premier temps, apparaissent des plis identiques à ceux de la pâte à modeler. En rapprochant davantage les planchettes, les choses commencent à changer. Les couches supérieures se rompent au niveau de la charnière* du pli anticlinal* et viennent se superposer aux couches formant les flancs du pli (on dit, en géologie, qu'elles se chevauchent*), selon des plans obliques. Dans l'axe* de l'anticlinal, le sable dessine un petit relief (**figure b**).

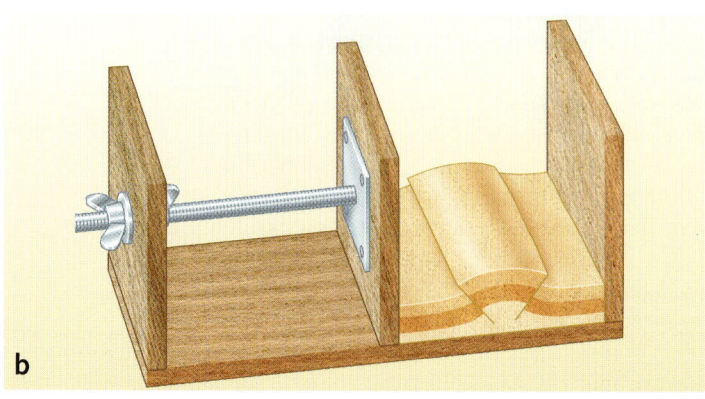

b

Le matériel nécessaire
- L'étau « bricolé » de l'expérience p. 90.
- Sables de différentes couleurs.

Interprétation

Dans cet essai, on a augmenté la compression des couches en resserrant les planchettes. Suivons attentivement l'évolution du pli : ses flancs s'amincissent, puis se rompent, selon des plans obliques appelés failles* ; un pli-faille est né. Le pli est anticlinal, comme dans l'essai précédent. Les failles créées sous la compression sont dites inverses, car elles font passer les couches plus basses sur les couches plus hautes, soit une inversion de leur ordre initial.

Quand une faille apparaît, c'est que la déformation par plissement ne suffit plus à compenser le raccourcissement des couches : la matière réagit en se rompant pour occuper le moins d'espace possible.

Avec la pâte à modeler, on n'obtiendrait pas ce résultat, car la pâte est plastique, en d'autres termes elle s'adapte à la déformation : les plis seraient de plus en plus serrés mais ne se rompraient pas.

Dans la nature

Notre expérience avec le sable ne rend pas tout à fait compte des processus naturels, car, sur le terrain, les couches* sédimentaires* sont beaucoup plus cohérentes que le sable. En d'autres termes, les molécules ou les minéraux* composant la matière rocheuse sont « accrochés » les uns aux autres. Dans l'expérience présentée ici, chaque grain de sable glisse et roule l'un contre l'autre, ce qui modifie, en détail, le phénomène mécanique. L'analogie demeure cependant valable, puisque la compression produit des formes identiques à ce que l'on rencontre dans la nature (voir la photo et son interprétation sur la **figure c**).

Sur le terrain, la poussée ne s'exerce généralement que d'un côté, celui où se produit la collision des plaques lithosphériques*. Les couches superficielles, soit les 1 500 premiers mètres de la croûte* terrestre, sont poussées latéralement et obliquement. Il n'existe évidemment pas de butoir, comme notre planchette immobile, et pourtant les couches se trouvent freinées vers l'avant, à l'opposé de la poussée : c'est là que s'observent les ruptures de pli et le développement des failles inverses.

Quand la faille inverse forme un plan peu penté* qui avance de quelques kilomètres sur les couches moins déformées situées de l'autre côté de la poussée, il y a chevauchement* : la structure prend alors le nom d'écaille*.

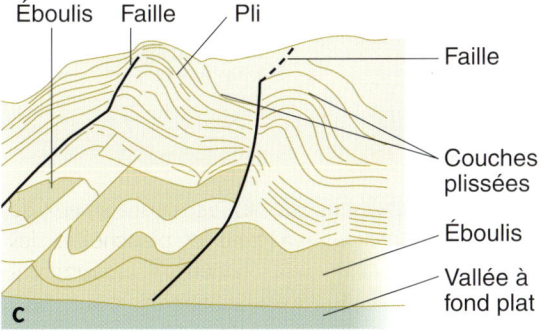

Schéma du «pli-faille» la Savoyarde.

Mots clés

• Anticlinal • Chevauchement • Collision • Compression • Écaille • Faille inverse • Plaque lithosphérique • Pli • Pli-faille • Plissement •

Vue générale du «pli-faille» la Savoyarde, à La Roche-du-Guet, au-dessus de Montmélian (près de Chambéry).

6.3 Une faille inverse

Dans la croûte* terrestre, il se produit périodiquement des ruptures dans les masses rocheuses. Ces ruptures naissent sous la pression de fortes contraintes internes et sont à l'origine de la formation de failles*. L'expérience qui suit consiste à provoquer la rupture d'un bloc de calcaire* en compression dans un étau puissant. C'est une expérience très classique en géologie.

Réalisation

1. Placez le cube de calcaire entre les mâchoires de l'étau.

2. Serrez progressivement, jusqu'à ce qu'on entende le bloc craquer.

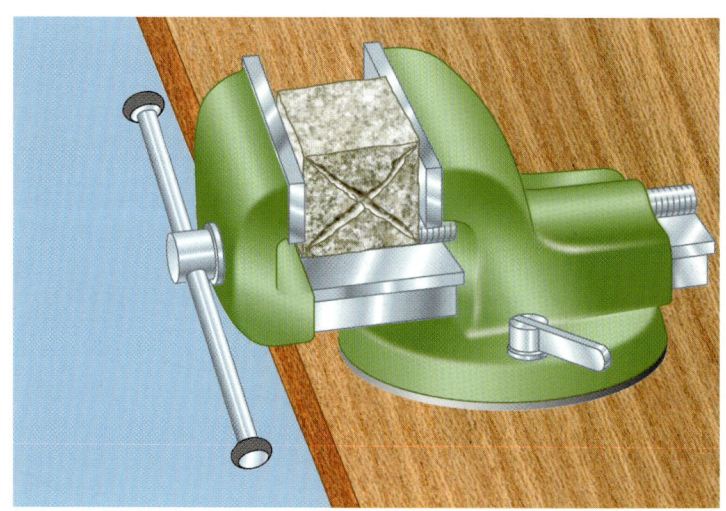

Résultats

Dès que l'on entend le craquement, apparaissent des failles qui découpent le bloc en quatre prismes* plus ou moins réguliers (**figure** ci-dessus).

Le succès de cette manipulation dépend de la résistance du matériau utilisé : un calcaire complètement cristallin* ou du marbre sont les matériaux les plus favorables.

On peut également prendre du grès* de Fontainebleau, dont la résistance est généralement forte (bien que variable), car les grains de quartz* sont soudés par un ciment* plus ou moins important. Mais, attention, il existe des grès moins consolidés, comme le grès rouge des Vosges (datant du Trias*, c'est-à-dire du début de l'ère secondaire).

Enfin, si vous employez du granite, il faut que vous disposiez d'un étau très puissant, car la roche* est très cohérente, entièrement cristalline, et résiste fortement à la rupture.

Le matériel nécessaire
- Un étau stable, fixé sur un support.
- Un bloc de calcaire homogène, cubique de préférence, ou un pavé de grès.

Interprétation

Que se passe-t-il dans le matériau lorsqu'il se rompt ? Au départ, si une roche est résistante, c'est qu'il existe des forces qui « attachent » les minéraux* les uns aux autres, qui les cimentent ou les « soudent » en quelque sorte ; dans le cas contraire, la roche est meuble*. Si la pression, qui est une force orientée, produite par le serrage des mâchoires de l'étau dépasse la force de ces attractions inter-minérales ou intra-minérales, il y a rupture. C'est ce qui survient lorsque l'on casse un caillou à l'aide d'un marteau, à la différence que, dans notre expérience, la pression est progressive et orientée.

Les failles créées ici correspondent à des cisaillements sous l'effet d'une compression : ce sont donc des failles inverses. La géométrie est la même que pour les failles formées dans l'essai précédent, mais l'origine diffère : alors que les précédentes failles dérivaient de l'amincissement progressif du flanc de l'anticlinal*, celles-ci résultent d'une rupture brutale et en masse du matériau.

Faille inverse apparue en surface lors du tremblement de terre qui a frappé l'Arménie, le 7 décembre 1988.

Dans la nature

Dans la nature, le rôle de l'étau est tenu par les plaques lithosphériques*. Quand des plaques se rapprochent, elles compriment toute la lithosphère*. Lorsque la force associée au déplacement devient supérieure à la résistance des matériaux, ceux-ci rompent brutalement, comme dans notre expérience.

Le jeu relatif des plaques et les ruptures de la croûte* qui en résultent sont à l'origine de la plupart des tremblements de terre, ou séismes. En réalité, les roches ne cassent franchement que dans la partie supérieure de la croûte, car à mesure que l'on s'enfonce, elles deviennent de plus en plus malléables. Au point de départ d'un séisme, ou foyer, généralement situé à 10 ou 20 kilomètres de profondeur, les roches ne rompent pas mais se déforment de manière plastique. Les mouvements des roches vont alors entraîner un ébranlement dans tout le milieu solide. Ces secousses qui se propagent très rapidement sont les ondes sismiques ; ce sont elles qui font vibrer le sol en surface et provoquent les séismes.

Les séismes créent de nouvelles failles et font également rejouer d'anciennes failles. De part et d'autre d'une faille, les blocs coulissent et se déplacent de plusieurs centimètres, voire de plusieurs mètres ou kilomètres selon la violence du séisme. Une faille peut se prolonger jusqu'en surface et le coulissement à son niveau peut alors modifier fortement le paysage (voir la **photo** ci-dessus). Ce sont des accidents d'une grande importance auxquels la croûte terrestre doit un certain nombre de ses aspects les plus remarquables.

Mots clés

• Compression • Faille inverse • Onde sismique • Plaque lithosphérique • Pression • Résistance • Rupture • Séisme •

6. La déformation des roches

6.4 Une faille normale

Si les failles* inverses résultent du rapprochement et de la compression des plaques lithosphériques*, les failles dites normales marquent, au contraire, l'éloignement, l'écartement des plaques. Ainsi, dans une région donnée et pour un mouvement déterminé des plaques, les failles en surface sont soient inverses, soit normales, à quelques exceptions près.

Réalisation

1. Disposez le sable* humide en couche uniforme sur le carton. Tassez-le et égalisez la surface avec le rouleau à pâtisserie (**figure a**).

2. Soulevez le carton des deux mains et pressez-le de façon à ce qu'il présente une courbure convexe vers le haut. Observez.

a

Résultats

On voit se dessiner sur le sable des fissures plus ou moins longues, qui délimitent des zones où le sable reste plus cohérent. L'allongement de ces fissures se fait parallèlement aux bords du carton que l'on tient dans les mains (**figure b** ci-dessous). En observant attentivement les fissures, on aperçoit une série de paliers successifs.

Le matériel nécessaire
- *Du sable humide (500 g environ).*
- *Du carton lisse (type calendrier).*
- *Un rouleau à pâtisserie.*

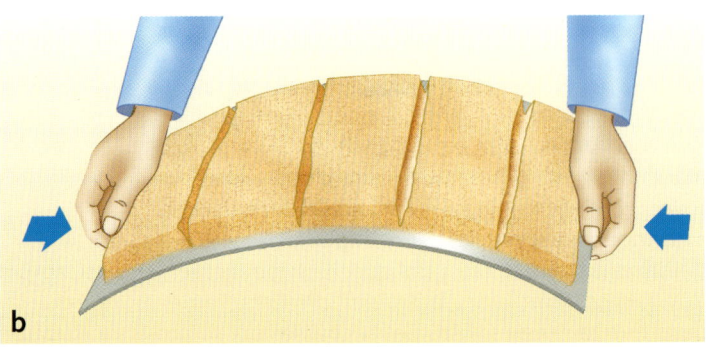

b

Interprétation

Le mouvement imprimé au carton a accru la surface sur laquelle reposait le sable, car on est passé d'un plan à une fraction de sphère. Le sable, qui présente une certaine cohésion parce qu'il est mouillé, s'adapte comme il peut à ce changement de surface. Il en résulte la formation de lignes de rupture, qui sont autant de petites failles. Comme le phénomène se produit dans un espace qui s'est étendu, on dit des failles qu'elles sont d'extension. Dans cette manipulation, on ainsi créé des failles normales dites aussi d'extension (**figure c** ci-dessous).

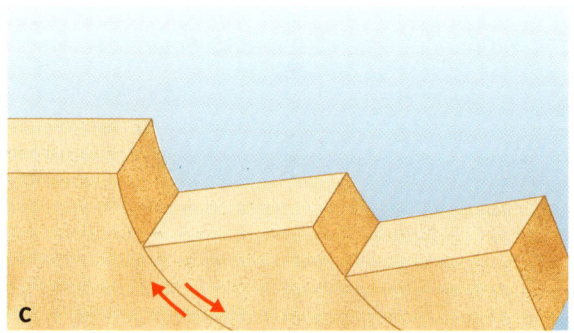
c

Dans la nature

Dans la nature, ce phénomène est extrêmement fréquent, puisqu'il accompagne l'écartement (ou divergence) des plaques lithosphériques*. L'étirement de la croûte* terrestre qui en résulte a plusieurs conséquences importantes sur le relief. Dans un premier temps apparaît un rift, ou fossé d'effondrement (**figure d** ci-dessous). Actuellement, on observe dans l'Est africain une série de fossés d'effondrement, limitée par un réseau de grandes failles et jalonnée de lacs et de volcans. Un événement de ce type s'est produit à l'ère* tertiaire dans la plaine d'Alsace, comme en témoigne la présence du fossé d'effondrement séparant aujourd'hui les Vosges de la Forêt Noire.

Dans une deuxième étape, la mer envahit le fossé. L'étirement provoque la rupture de la croûte continentale. Au niveau de la déchirure, se forme un plancher océanique constitué du magma qui remontent en surface (**figure e** ci-dessous).

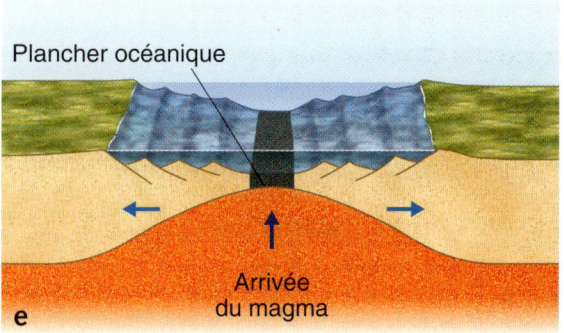
e

C'est ce qui se produit actuellement en mer Rouge. Dans une troisième étape, le relief s'élève : une dorsale se met en place. À l'axe de la dorsale, sont émises des coulées de magma dont l'accumulation provoque peu à peu l'écartement du plancher océanique. L'axe d'une dorsale correspond donc aux limites des plaques en train de s'écarter. C'est ainsi, par exemple, que l'on explique la formation de l'océan Atlantique qui continue de s'ouvrir.

Les dorsales constituent d'immenses chaînes de montagnes sous-marines, situées en moyenne à 4000 m de profondeur et qui parcourent les fonds océaniques sur 70 000 km de longs. Parfois, elles émergent sous forme d'îles, comme en Islande. Comme toutes les limites de plaques, les dorsales sont des zones instables où volcanisme et séismes sont importants.

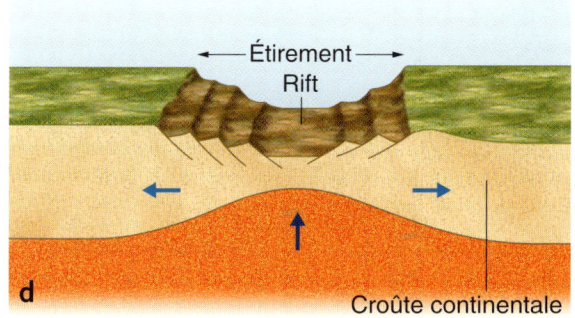
d

Mots clés

• Divergence • Dorsale • Faille normale • Magma • Plaque lithosphérique • Rift • Séisme • Volcan •

6.5 Le pendage d'une couche

À l'origine, les couches* géologiques se déposent à l'horizontale. Elles conservent cette position sauf si des contraintes mécaniques les déforment. Pour le géologue, il importe de définir la nouvelle disposition des couches dans l'espace, en mesurant l'angle qu'elles forment, après compression, par rapport au plan horizontal. C'est ce que l'on nomme le « pendage* ». Dans cet essai, nous allons construire un « clinomètre », appareil destiné à mesurer l'inclinaison des couches géologiques.

Le matériel nécessaire
- Un rapporteur.
- Une plaque de carton rigide de 20 x 20 cm.
- Un clou de 5 cm.
- Des punaises.
- De la ficelle.
- Un poids de 100 g (ancien modèle en laiton).
- Une planche en bois et une cale.
- Un niveau de maçon (facultatif).

Réalisation

Le dispositif

Le dispositif est un appareil qui permet de mesurer la pente d'une surface et qu'on appelle clinomètre.

1. Réalisez un fil à plomb avec la ficelle et le poids en laiton.

2. Fixez le rapporteur sur la plaque de carton avec de la colle (on peut aussi le reproduire, au crayon, sur le carton). Il faut que la base rectiligne du rapporteur soit placée verticalement.

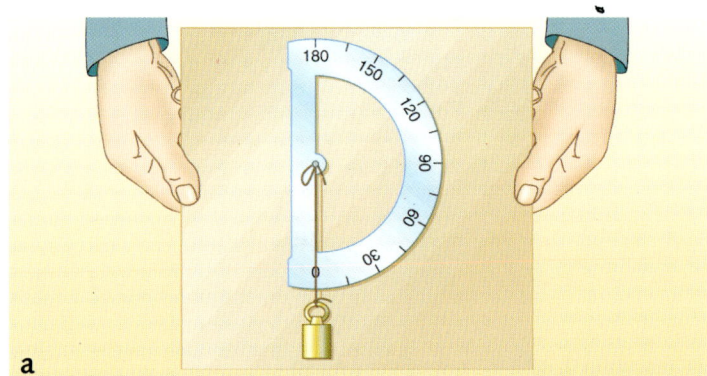
a

3. Avec le clou, disposé juste au bord du milieu du rapporteur, fixez le fil à plomb sur la plaque de carton, en le laissant dépasser suffisamment pour qu'il n'y ait pas de frottement. Le fil doit être parallèle à la base du rapporteur, quand le carton est relevé et repose sur le côté « bas ».

Bien veillez à ce que le fil puisse se mouvoir librement. Le clinomètre est prêt à l'usage. On peut vérifier, à l'aide d'un niveau de maçon, que lorsque le dispositif est placé sur une surface horizontale, le fil indique 0° sur le rapporteur (**figure a**).

Les mesures

1. Placez la cale sous la planche en bois, ce qui lui donne une certaine inclinaison ou pente.

2. Placez alors le bas du carton sur la planche. Le fil, sous l'effet de la gravité, se déplace et vient s'immobiliser, après quelques balancements, sur une valeur du rapporteur, qui correspond à la pente de la planche, par rapport au plan horizontal pris comme référence (**figure b**).

Résultats

En déplaçant horizontalement la cale, d'un côté ou d'un autre, on peut faire varier la pente de la planche et noter, à chaque nouvelle position, sa valeur. Les valeurs sont comprises entre 0° et 90°. (quand la planche est placée à la verticale, le clinomètre indique 90°).

b

Dans la nature

Dans la nature, les couches géologiques, encore appelées strates, peuvent présenter toutes les valeurs de pendage comprises entre 0° et 90°.
Une couche est également définie par la direction que prend la ligne de plus grande pente. Cette direction est déterminée à l'aide d'une boussole de géologue (voir p. 110). On a choisi conventionnellement de rapporter toutes les mesures de direction au Nord, puisque l'on peut facilement mesurer ce point de l'espace (voir p. 108).

Mots clés

• Clinomètre • Couche • Direction • Inclinaison
• Pendage • Roche sédimentaire • Strate •

Interprétation

Une couche désigne, en géologie, un ensemble de roches sédimentaires de même composition. Le plus souvent, sur un terrain non déformé, plusieurs couches sont disposées en parallèle et de manière horizontale. Elles sont limitées par des surfaces planes : l'une est la base ou mur, et l'autre le sommet ou toit.
Une couche déformée présente une inclinaison par rapport à l'horizontale. Par convention, on nomme pendage l'inclinaison d'une couche.
Pour mesurer le pendage, on calcule l'angle que forme la ligne de plus grande pente de la couche avec le plan horizontal (c'est ce que permet le clinomètre que nous avons construit).
Une couche « pend » soit vers la droite, soit vers la gauche.

Des couches inclinées dans l'Est de l'Afghanistan.

6. La déformation des roches

7. Des phénomènes thermiques

Les montagnes* naissent de la collision de deux plaques lithosphériques*. Épaisses d'environ 100 à 150 km, les plaques, au nombre d'une douzaine, forment l'enveloppe supérieure de la Terre*. Pour les déplacer, une énergie importante est nécessaire. D'où provient l'énergie ? En d'autres termes, quel est le « moteur » de la mobilité des plaques ? C'est la chaleur interne du globe terrestre qui est la source d'énergie. À l'intérieur de notre planète, règnent, en effet, de très hautes températures. Au centre, dans le noyau, la température est estimée à environ 6 000 °C. En surface, les volcans crachent des laves à quelque 1 000 °C. Quand on descend dans un puits de mine, la température augmente au fur et à mesure que l'on s'enfonce. On appelle degré géothermique la distance (en mètres) qu'il faut pour que la température du sous-sol s'accroît de 1 °C.

Le degré géothermique varie selon les régions du globe. Certaines sont donc plus chaudes que d'autres. De telles variations témoignent d'une activité profonde, plus ou moins intense, et se traduisent par une plus ou moins grande stabilité en surface. Les zones les plus stables de la planète présentent un degré géothermique faible, de l'ordre de 100 mètres. L'activité interne est donc très faible à leur niveau. Ce sont des régions qui se sont formées il y a très longtemps, comme la Scandinavie et le Nord de la Russie, dont les terrains sont âgés d'au moins 2 milliards d'années. Dans les zones un peu moins stables mais tout de même « calmes », telles que le Bassin de Paris, le degré géothermique est de l'ordre de 30 mètres. En revanche, dans les zones volcaniques, où l'activité interne de la planète est particulièrement évidente, sa valeur atteint 5 à 10 m. Il en est de même, dans les zones où naissent des montagnes « jeunes », comme les Alpes ou les Pyrénées, où les mouvements profonds causent, par friction, une augmentation de température. Toute l'énergie thermique interne agit sur l'ensemble des matériaux composant la lithosphère*.

Les expériences de ce court chapitre permettent de reproduire deux phénomènes thermiques internes : les courants circulaires dits de convection, qui sont à l'origine de la mobilité des plaques lithosphériques ; et les dégagements gazeux qui se produisent lors d'éruptions volcaniques, manifestations les plus spectaculaires de la chaleur interne du globe.

....
Un volcan en éruption.

7.1 Les courants de convection

Dans les profondeurs du globe terrestre, la chaleur est répartie de manière irrégulière.
Les différences de température créent des mouvements plus ou moins circulaires de matière : les courants dits de convection.
L'expérience proposée ici consiste à créer des courants de convection en chauffant un liquide par en dessous.
On reproduit ainsi, de manière schématique et simplifiée, le « moteur » du mouvement des plaques*.

Réalisation

1. Déposez la pincée de marc de café au fond du récipient. Recouvrez doucement avec l'eau.

2. Mettez en marche la cafetière ou placez le bécher sur un feu très doux : la flamme doit être réduite, sinon les mouvements seront trop violents. On obtient plus facilement un bon résultat avec la cafetière électrique.

Résultats

Après quelques minutes, les fragments de marc de café déposés au fond commencent à monter verticalement dans l'eau. Quand ils arrivent en surface, ils restent immobiles un court instant, puis redescendent. Le mouvement s'amplifie, et au bout de 10 minutes, les grains de marc parcourent des trajets plus compliqués : montée verticale sur les deux tiers inférieurs ; puis déplacement oblique suivi d'un parcours parallèle à la surface de l'eau, avant une descente presque verticale. En les observant bien, on les voit dessiner des cercles imparfaits (**figure a** ci-dessous).

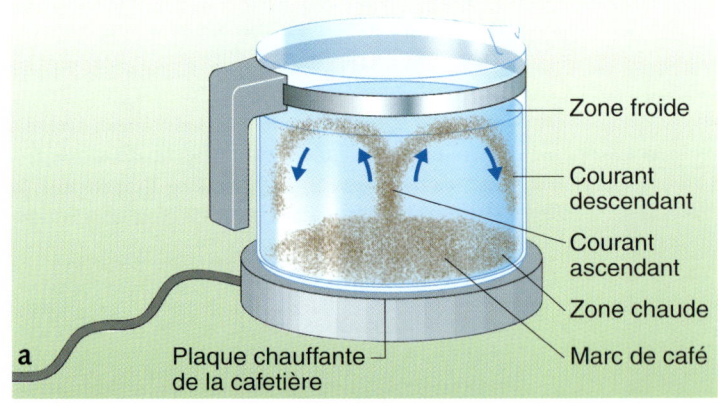

a — Plaque chauffante de la cafetière — Zone froide — Courant descendant — Courant ascendant — Zone chaude — Marc de café

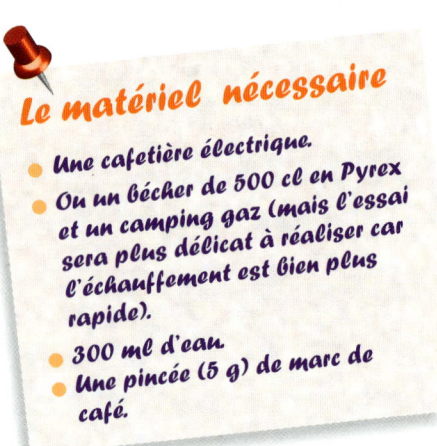

Le matériel nécessaire
- Une cafetière électrique.
- Ou un bécher de 500 cl en Pyrex et un camping gaz (mais l'essai sera plus délicat à réaliser car l'échauffement est bien plus rapide).
- 300 ml d'eau
- Une pincée (5 g) de marc de café.

Interprétation

En début d'expérience, toute l'eau est à la même température, et donc à la même densité*. Quand on commence à chauffer le fond, la température de l'eau s'élève localement : le liquide se dilate, sa densité* diminue. Cette eau chaude, moins dense, remonte vers la surface (c'est le principe d'Archimède !) et pénètre dans l'eau froide, plus dense, en entraînant avec elle les petits grains de marc, également moins denses car plus chauds. En haut, l'eau qui s'est refroidie, retrouve une densité égale à celle qui l'entoure : elle ne peut plus porter les grains de marc qui, redevenus également plus denses, retombent alors jusqu'à ce qu'ils retrouvent un courant chaud ascendant. Et ainsi de suite.

Dans la nature

Cette expérience reproduit ce qui se passe à l'intérieur du globe, entre 50 km et 1 000 km de profondeur, au niveau de ce que l'on appelle le manteau*, sur lequel « flottent » les plaques lithosphériques*. En réalité, les choses sont plus compliquées que dans notre essai. Dans les parties inférieures du manteau, règnent des températures de l'ordre de 1500 °C à 2000 °C. À ces températures, la matière minérale*, faite de silicates et d'oxydes, devrait fondre ; mais la pression qui règne à cette profondeur est telle (environ 200 000 atmosphères*) que la matière minérale forme une masse très visqueuse (le magma), dans un état intermédiaire entre liquide et solide. Cette masse, qui continue à présenter les propriétés physiques d'un fluide, se déplace sous l'effet des courants de convection, créés par les différences de température entre les parties inférieures et supérieures du manteau (**figure b** ci-dessous). Ces courants sont évidemment très lents, étant donné l'état de la matière et les volumes mis en mouvement. Ils assurent le déplacement des plaques lithosphériques à la vitesse de 2 cm à 10 cm par an.

La **figure b** explique les conséquences en surface de ces déplacements : le courant ascendant crée une remontée du magma, entraînant une rupture de la croûte terrestre et l'apparition en surface d'un fossé, ou rift*, puis d'une dorsale (voir p. 97). À ce niveau, s'accumule le magma* (qui forme la lave en surface) pour constituer le plancher océanique. Ce processus dit d'accrétion provoque l'écartement progressif des plaques lithosphériques* à partir du point de rupture. Les plaques, progressivement refroidies, deviennent plus denses et finissent par s'enfoncer en un autre point du globe : on nomme subduction le processus par lequel une plaque plonge sous une autre. Accrétion et subduction se compensent pour conserver à la Terre* un rayon constant **figure c**. Le modèle de la tectonique des plaques* explique l'ensemble de ces mouvements.

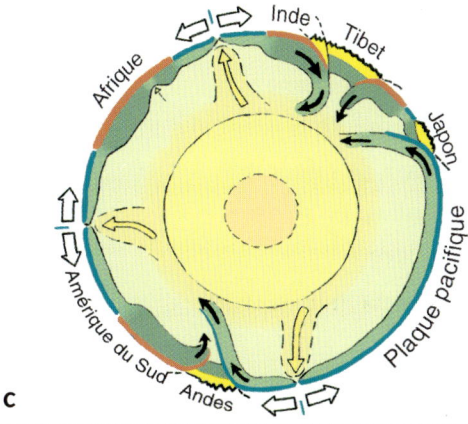

Flèches blanches : processus d'accrétion (écartement des plaques).
Flèches noires : processus de subduction (enfoncement des plaques).

Les zones d'accrétion sont situées au niveau des dorsales océaniques qui forment une chaîne montagneuse sous-marine produisant de la lave en grande quantité. Les dorsales sont à l'origine du volcanisme le plus important du globe. Situées à quelque 4 000 mètres de profondeur, elles émergent parfois en surface. C'est le cas de l'Islande, une île volcanique, dont les habitants utilisent la chaleur libérée par la Terre* pour se chauffer (c'est le principe de la géothermie).

Mots clés

• Accrétion • Courant de convection • Densité • Dorsale • Géothermie • Lave • Magma • Manteau • Plaque lithosphérique • Rift • Subduction • Tectonique des plaques • Volcanisme •

7.2 Le bouillonnement gazeux

L'activité qui règne à l'intérieur du globe terrestre se manifeste parfois brutalement lors des éruptions volcaniques. Une éruption est une arrivée en surface d'un magma* à des températures comprises entre 1 000 °C et 1 200 °C. Le magma, qui provient des profondeurs de la Terre, est un « bain » de minéraux* silicatés fondus. En surface, il forme la lave.

Une éruption s'accompagne d'un dégagement plus ou moins important de gaz qui la facilite et l'amplifie. On peut montrer, par une expérience extrêmement simple, mais physiquement exacte, comment se prépare une explosion accompagnée de gaz. L'expérience est très rapide et salissante. Il vaut mieux la réaliser à l'extérieur, en tout cas, en dehors de locaux propres !

Réalisation

1. Agitez fortement la bouteille fermée contenant le liquide gazeux.

2. Ouvrez rapidement la bouteille en dirigeant le goulot vers un endroit dégagé. Il faut observer très vite, pendant à peine une seconde.

Le matériel nécessaire
- Une bouteille d'eau gazeuse ou de boisson gazeuse sucrée.

La nuée ardente (mélange brûlant de gaz et de cendres) dévale le flanc du volcan Pinatubo (Philippines) à plus de 200 km/h.

Résultats

Lorsque l'on ouvre la bouteille, la pression interne est brusquement ramenée à la pression extérieure : il y a décompression. Dans les premières fractions de seconde qui suivent cette décompression, il se produit une concentration de bulles en haut de la bouteille, vers le goulot. Ensuite une partie du liquide est expulsée en masse hors de la bouteille qui se vide partiellement.

Interprétation

Cette expérience reproduit ce qui se passe en profondeur, juste avant une explosion, soit dans le réservoir du volcan appelé chambre magmatique, soit dans le conduit par lequel monte le magma, appelé cheminée (**figure** ci-dessous). Le magma est mis sous pression par les gaz, comme le liquide dans notre bouteille, et remonte vers la bouche du volcan.

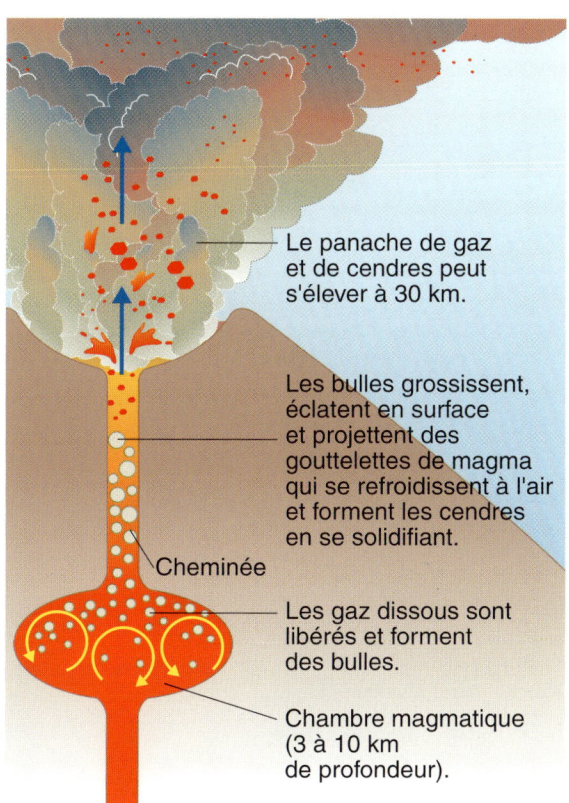

Le panache de gaz et de cendres peut s'élever à 30 km.

Les bulles grossissent, éclatent en surface et projettent des gouttelettes de magma qui se refroidissent à l'air et forment les cendres en se solidifiant.

Cheminée

Les gaz dissous sont libérés et forment des bulles.

Chambre magmatique (3 à 10 km de profondeur).

Dans la nature

Le volcanisme est l'ensemble des manifestations liées à la sortie du magma des profondeurs de la Terre. Peu de temps avant une éruption, la décompression des gaz et la remontée du magma provoquent un gonflement de la partie supérieure de l'édifice volcanique. Enfin, c'est la sortie très brutale, en masse brûlante, entre 700 °C et 1 000 °C. En remontant, le magma se refroidit et se consolide. Selon la température et la nature du magma, le volcan projette de la lave plus ou moins fluide et divers matériaux appelés, selon leur taille, cendres, lapili ou blocs. Le plus souvent, les roches volcaniques sont cimentées par du verre volcanique et comportent de nombreux pores.

L'éruption sera différente selon la nature du magma et l'importance du dégagement gazeux. Les volcans qualifié d'effusifs ont un magma très liquide qui laisse les gaz s'échapper facilement : leurs éruptions sont peu dangereuses car elles produisent essentiellement une lave liquide qui s'écoule sur les flancs des volcans. Le Piton de la Fournaise (île de la Réunion) est un volcan effusif.

À l'opposé, dans les éruptions de type explosif, les magmas sont beaucoup plus visqueux et bouchent la cheminée. Les gaz restent emprisonnés et forment des poches de gaz qui explosent de temps à autres lorsque la pression devient trop forte. C'est ce que nous avons reproduit dans l'expérience. Ce type d'éruption est dangereuse car le volcan projette sur de grandes distances un mélange de gaz brûlants et de matériaux volcaniques consolidés, qui forme ce que l'on appelle une nuée ardente (voir la **photographie**), dont les effets sont destructeurs et meurtriers. C'est ce qui s'est produit à Pompéi en 79 (Vésuve), à Saint-Pierre de la Martinique en 1902 (Montagne Pelée), ou, plus récemment, aux Philippines en 1991 (Pinatubo).

Mots clés

• Cendre • Chambre magmatique • Cheminée volcanique • Gaz • Lave • Magma • Nuée ardente • Pression • Volcan effusif • Volcan explosif •

8. Le magnétisme terrestre

La planète Terre* est un gigantesque aimant. Elle a, en effet, la particularité, avec quelques autres planètes, de posséder un champ magnétique. Ce dernier se manifeste autour du globe terrestre, jusqu'à une altitude de plusieurs dizaines de milliers de kilomètres.

Pour l'essentiel, l'origine du champ magnétique terrestre se trouve dans le noyau de la Terre, véritable boule de fer. Ce sont sans doute les mouvements de convection (voir l'expérience p. 102), associés à la rotation de la Terre, qui agiteraient le fer en fusion dans les profondeurs terrestres et créeraient des courants électriques, lesquels produiraient et entretiendraient le champ magnétique.

La présence d'un champ magnétique terrestre a des conséquences géologiques. On a découvert que certaines roches* ont la particularité de « fossiliser » ce champ, c'est-à-dire d'en conserver la mémoire. Leur étude a révélé de fréquentes inversions du champ dans le passé, de sorte que le Nord magnétique s'est trouvé, à plusieurs reprises, du côté du Sud géographique et inversement. L'existence de telles anomalies magnétiques est d'un grand intérêt pour comprendre la structure et l'histoire de la croûte* terrestre. Elles ont permis aux spécialistes de reconstituer les déplacements des continents au cours des temps géologiques. Ainsi ont-ils pu apporter la preuve de la dérive des continents et élaborer le modèle de tectonique des plaques* (voir le chapitre 6). Une découverte fondamentale et certainement l'une des plus importantes en géologie. L'analyse de ce que l'on nomme le paléomagnétisme requiert toutefois des techniques sophistiquées, dont seuls disposent les laboratoires spécialisés.

Dans les deux expériences qui suivent, nous serons plus modestes. Nous nous contenterons de mettre en évidence, de manière simple, la présence du champ magnétique terrestre dans lequel nous baignons.

La Terre vue de l'espace.

8.1 Comment trouver le Nord

Le champ magnétique terrestre est perceptible en tout endroit de la planète. Sa direction est longitudinale, c'est-à-dire parallèle aux longitudes, ces « lignes » immatérielles qui relient le pôle Nord au pôle Sud.
Le champ magnétique a aussi un sens, c'est-à-dire que les particules magnétiques à l'intérieur du globe, et celles qui flottent autour de la haute atmosphère, semblent s'écouler du pôle Sud vers le pôle Nord. C'est ce flux orienté du champ magnétique terrestre que l'on met en évidence dans l'expérience proposée ici.

Réalisation

1. Aimantez l'aiguille en la frottant sur l'aimant (dans le même sens).

2. Fixez l'aiguille aimantée sur le morceau de liège (soit en la collant, soit en l'attachant avec du ruban adhésif après avoir fait une fente dans le bouchon).

3. Placez doucement ce dispositif dans la cuvette remplie d'eau, dont la surface doit être parfaitement immobile (**figure a**). Recommencez plusieurs fois. Observez.

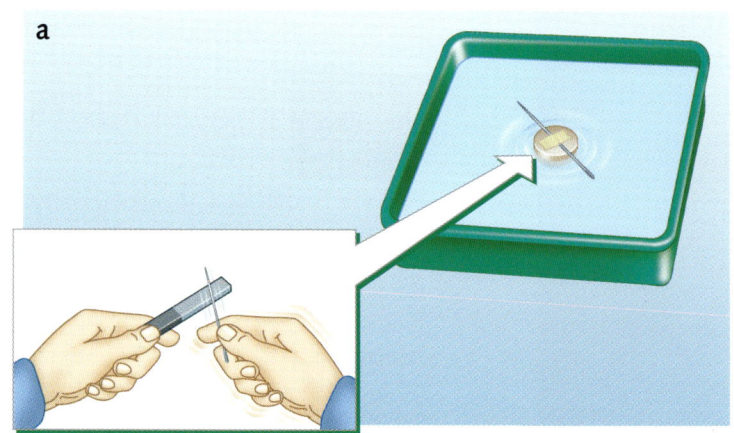

Le matériel nécessaire

- Un morceau de bouchon de liège épais de 5 mm environ.
- Une aiguille de fer.
- Un aimant.
- De la colle résistante à l'eau (hydrofuge) ou de l'adhésif.
- Une cuvette.
- De l'eau.

Résultats

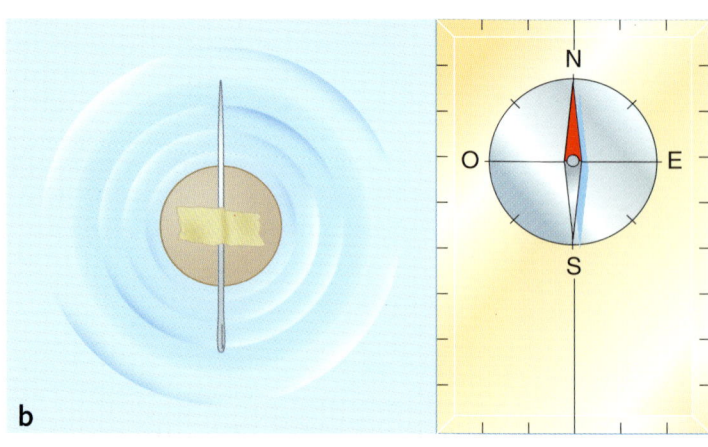

L'aiguille et le liège oscillent pendant quelques secondes puis s'arrêtent dans une direction bien précise, que l'on peut repérer à l'aide d'une marque sur une feuille de papier fixe, extérieure au dispositif. Si l'on fait à nouveau tourner le liège et l'aiguille, on les verra reprendre la même direction dès qu'on les relâchera (**figure b**).

On pourrait prendre dix aiguilles aimantées différentes : on observerait qu'elles se dirigent toujours vers le même point de repère.

Interprétation

Cette expérience nous permet de remarquer que tous les objets sensibles au champ magnétique terrestre, appelés pour cette raison corps magnétiques, s'orientent de la même façon dans le champ magnétique. Cela démontre que l'activité magnétique de la Terre* n'est pas aléatoire, autrement dit qu'elle n'est pas orientée au hasard mais qu'elle possède une direction. C'est cette observation qui a permis d'inventer la boussole, il y a fort longtemps. Dans cette expérience, nous avons d'ailleurs réalisé une boussole rudimentaire.

Dans la nature

Le champ magnétique terrestre peut être assimilé à celui produit par un barreau aimanté géant placé au centre de la Terre, et présentant deux pôles magnétiques (**figure c** ci-dessous).

On appelle dipôle l'axe de ce barreau. Dans le cas de la Terre, le dipôle forme un angle de 11° avec l'axe de rotation du globe : les pôles magnétiques ne sont donc pas superposés aux pôles géographiques, qui, eux, correspondent à l'axe de rotation de la Terre (**figure d** ci-dessous). Ils en sont distants de quelques centaines de kilomètres (coordonnées du pôle Nord magnétique : 75° N 101° W ; coordonnées du pôle Sud magnétique : 67° S 143° E).

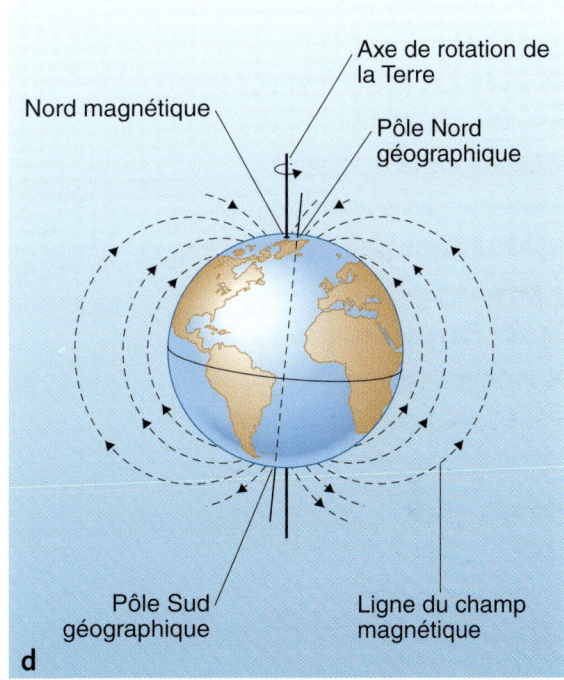

d

En conséquence, une boussole n'indique pas le pôle Nord géographique, mais le pôle Nord magnétique. Certains animaux, en particulier les oiseaux migrateurs, ont des récepteurs contenant de la magnétite (oxyde de fer complexe Fe_3O_4) qui agit comme un corps magnétique et leur permet de s'orienter et de retrouver ainsi leur aire de vie.

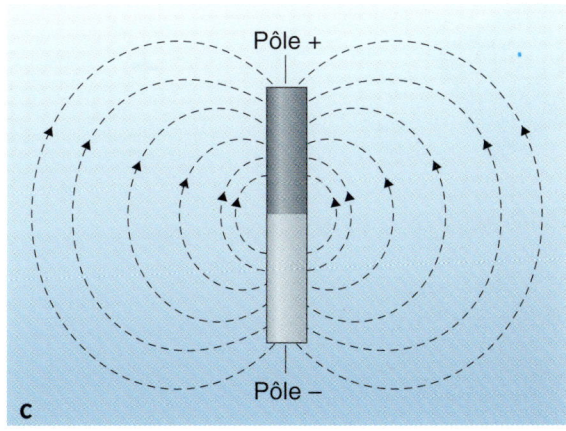

Mots clés

• Boussole • Champ magnétique • Corps magnétique • Direction • Magnétite • Nord • Pôle géographique • Pôle magnétique •

8.2 Une boussole de géologue

Le magnétisme terrestre est connu depuis longtemps. Dès le Xe siècle, les Chinois inventent la boussole. Importé de Chine par les Arabes, l'instrument arrive en Europe au Moyen Âge. Son utilisation révolutionne la navigation et autorise les grandes explorations maritimes de la Renaissance.

On se sert d'une boussole pour deux usages principaux. D'une part, pour se repérer géographiquement : c'est l'utilisation la plus connue de cet instrument (voir l'expérience précédente). D'autre part, pour repérer des objets par rapport à un point de référence constant, en l'occurrence, le Nord : c'est l'usage qu'en font les géologues pour définir l'orientation dans l'espace d'une couche*.

Le matériel nécessaire

- Une boussole à bords carrés. Une boussole est constituée d'une aiguille aimantée, qui pivote sur un axe, quand elle est en position horizontale. Sinon, l'aiguille reste bloquée. Dans certains modèles, l'aiguille baigne dans un liquide, ce qui réduit les effets d'oscillation lors des mesures. Pour réaliser des mesures en géologie, il est nécessaire que les bords de la boussole soient carrés afin de les appliquer sur les plans de couches à mesurer.

Réalisation

1. Placez le bord de la boussole contre la planche comme sur la **figure a** ci-dessous.

2. Maintenez la boussole bien à l'horizontale pour que l'aiguille puisse osciller librement.

3. Quand l'aiguille est stabilisée, procédez à la mesure.

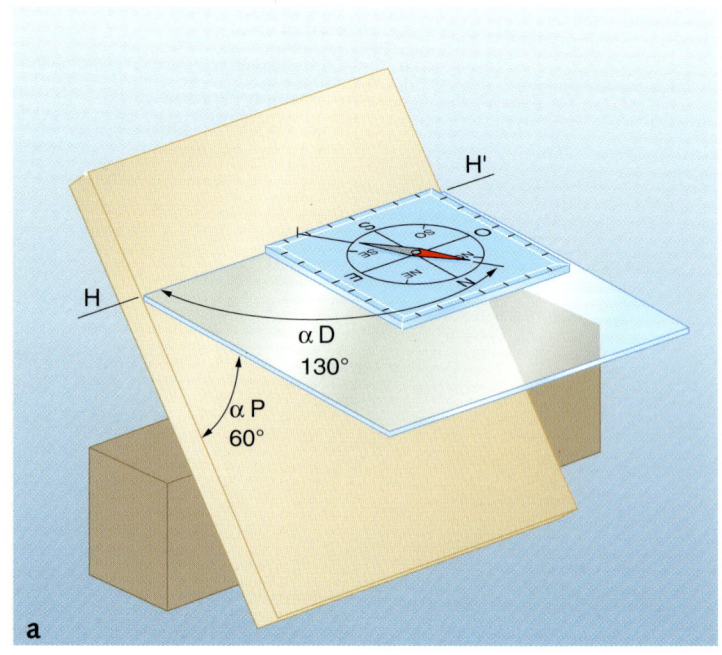

a

Résultats

L'aiguille indique évidemment toujours le Nord magnétique, mais on note un angle, compris entre 0 et 180°, formé par la direction de la couche, représentée par le bord de la boussole et la direction donnée par l'aiguille (**figure a**).

Interprétation

L'orientation dans l'espace d'une couche est caractérisée par deux angles : le pendage et la direction. Dans l'expérience de la page 98, nous avions réalisé un clinomètre pour mesurer le pendage, c'est-à-dire l'angle (P sur la **figure a**) que forme la plus grande pente de la couche avec le plan horizontal. La direction d'une couche est la direction d'une horizontale de cette surface, c'est-à-dire l'angle (D sur la **figure a**) entre le Nord géographique et une horizontale de la couche (HH' sur la figure). C'est cet angle qui est mesuré à l'aide d'une boussole de géologue (**figure b**).

On a choisi conventionnellement de rapporter toutes les mesures de direction au Nord, puisque l'on peut facilement mesurer ce point de l'espace. Si l'angle mesuré est égal à zéro, c'est que la couche est dirigée au Nord.

Dans la nature, toutes les directions sont évidemment possibles. Tout dépend de l'orientation des forces de compression qui agissent noir les roches* (voir chapitre 6).

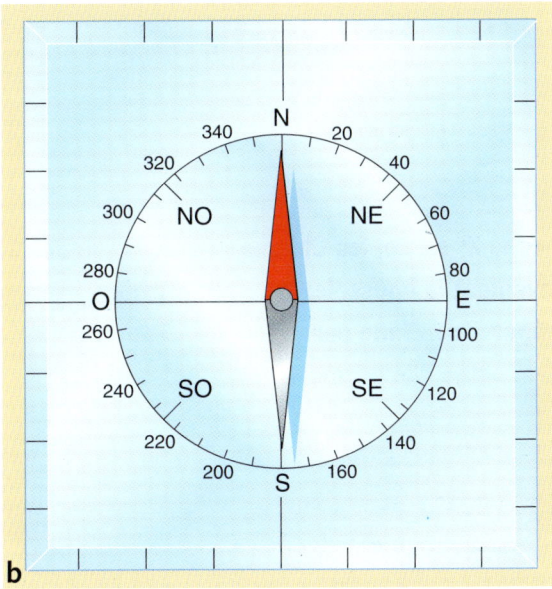

b

Sur la **figure a**, la direction est de 130° et le pendage de 60°. Ces deux mesures, que l'on fait figurer sur une carte, sont indispensables au géologue pour caractériser une couche sur le terrain.

Mots clés

• Boussole • Champ magnétique • Clinomètre • Compression • Couche • Direction • Nord • Pendage • Pente •

Couches inclinées.

8. Le magnétisme terrestre

Glossaire

Les mots qui ont un astérisque renvoient à d'autres mots du glossaire.

Ablation n. f. : enlèvement. Dans le domaine géologique, l'enlèvement des grains est fait par l'eau ou le vent.

Acide n. m. : corps chimique provenant de la combinaison entre l'hydrogène et un autre élément. Quand il est dissous dans l'eau, un acide a la propriété de libérer l'ion H^+, ce qui permet de nombreuses réactions chimiques.

Affleurement n. m. : désigne un endroit où la roche en place est visible. Un affleurement est soit naturel, comme les rochers apparaissant sur les pentes et les sommets des monts ou les falaises bordant les vallées, soit artificiel, à l'exemple des carrières, ou des excavations faites lors de la construction d'une maison ou sur les bords de route.

Affleurer v. : une roche ou une couche affleure quand on la trouve à fleur de terre, c'est-à-dire quand elle n'est plus recouverte par le sol* : elle constitue alors un affleurement*. La craie affleure dans les méandres de la Seine.

Âge n. m. : laps de temps correspondant à un étage*.

Alluvion n. f. : dépôt continental provenant du transport par un cours d'eau et étalé en nappe au fond d'une vallée. Dans la partie haute des cours d'eau, les alluvions comportent des cailloux peu usés, car l'érosion* ne fait que débuter. Plus en aval, elles sont faites de sable* et de fines particules argileuses*. Les alluvions forment des terrasses* d'autant plus anciennes que celles-ci sont élevées par rapport au niveau actuel d'une rivière.

Altérer v. : transformer une roche* en une autre, par des processus physico-chimiques liés surtout à l'action de l'eau. Par exemple, le granite est transformé en arène*, le schiste* en argile*, etc.

Anticlinal n. m. et adj. : du grec *antiklinein* « pencher en sens contraire ». Se dit d'une couche géologique en forme de voûte. On parle de pli* anticlinal.

Arène n. f. : roche meuble*, formée en surface par l'altération de roches (en particulier le granite et le gneiss), riches en quartz* et en feldspaths*

Argile n. f. : roche meuble* constituée de particules microscopiques (0,1 à 20 micromètres) de silicates (un minéral*) susceptibles d'absorber l'eau, d'où leur capacité à former de la boue ou à se dessécher. Les argiles peuvent se compacter* sous l'effet de la pression.

Argileux adj. : constitué d'argile.

Asthénosphère n. f. : du grec *asthenos*, sans résistance. Correspond à la partie du globe terrestre comprenant le manteau* jusqu'à 700 km de profondeur. C'est sur l'asthénosphère que « flotte » la lithosphère* (voir Terre*).

Atmosphère n. f. : ancienne unité de pression des gaz, correspondant à la pression atmosphérique moyenne (760 mm de mercure). Aujourd'hui remplacé par le bar (10^5 pascals).

Axe (d'un pli) n. m. : ligne passant par le milieu de la charnière* d'un pli*. De part et d'autre de l'axe, les couches* pendent (voir pendage*). On repère l'axe d'un pli par rapport au Nord*.

Banc n. m. : élément d'une couche* sédimentaire*, d'épaisseur de l'ordre d'un ou plusieurs mètres, et formé d'un faciès* homogène. Quand un banc présente un caractère remarquable – couleur, nature de la roche, etc. – on parle de banc-repère.

Base n. f. : corps chimique composé d'un métal et de l'ion* OH^-, qui donne un sel en réagissant avec un acide*.

Bassin : n. m. : zone en dépression, où les dépôts* s'accumulent. Un bassin est généralement sous-marin, mais il peut être aussi continental. Dans ce cas, il correspond à la zone où toutes les rivières convergent.

Calcaire n. m. : roche composée essentiellement de carbonate de calcium ($CaCO_3$), ou calcite*. Selon la composition de ses autres minéraux, on distingue : le calcaire argileux*, qui contient jusqu'à 30 % d'argile* ; le calcaire sableux, qui contient des grains de sable* (quartz*) ; le calcaire dolomitique, qui contient de la dolomie*.

Calcite : minéral formé de carbonate de calcium (voir calcaire*).

Capillarité n. f. : phénomène qui se produit à la surface des liquides et qui se caractérise par une attraction, sous l'effet de l'eau, entre des corps de petites dimensions (comme des cheveux, d'où le nom).

Cénozoïque n. m. : ère* commençant il y a 65 MA et se poursuivant actuellement. On le subdivise en Tertiaire (–65 à –1,65 MA) et Quaternaire* (–1,65 MA à nos jours).

Charge n. f. : désigne la capacité d'un cours d'eau à transporter les matériaux, nommés alluvions*. La charge varie en fonction de la force du courant, c'est-à-dire de sa vitesse et de son débit. C'est une notion hydrographique* différente de celle du courant électrique.

Charnière n. f. : partie d'un pli* où le pendage* s'inverse. On parle de charnière anticlinale* et de charnière synclinale*.

Chenal n. m. : mot apparenté à canal, désignant une zone longitudinale où un cours d'eau approfondit son lit*.

Chevauchement n. m. : structure géologique désignant le recouvrement d'une couche* par une autre sous l'effet d'une poussée.

Chimique (dépôt) adj. : mode de dépôt* de certains sédiments*, sous l'effet de processus physico-chimiques variés (évaporation et précipitation).

Ciment n. m. : matière servant de liant. Dans une roche, ce terme s'applique au matériau minéral* qui cristallise* autour des grains et consolide ainsi la roche.

Compacté adj. : voir consolidé*.

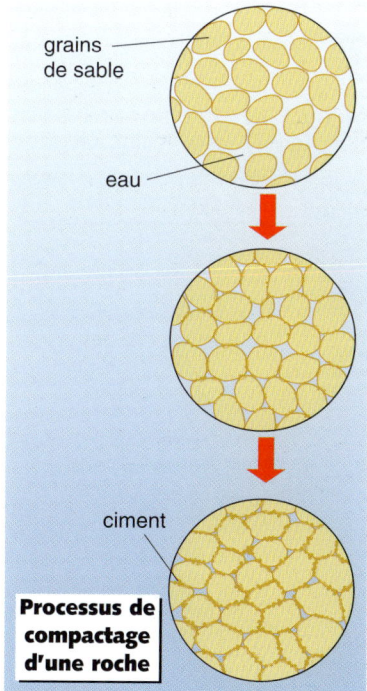

Processus de compactage d'une roche

Consolidé adj. : une roche est dite consolidée, ou compactée*, ou encore cohérente, quand elle a subi, au cours du temps, une transformation qui l'a faite passer de l'état meuble à l'état solide. Un sable* se consolide en grès*; une boue calcaire se compacte en calcaire dur; une boue argileuse se compacte en argillite (ou shale*, mot anglais). Les éléments sont consolidés par un ciment*.

Contrainte n. f. : notion physique, correspondant à une force orientée, qui, en s'exerçant sur un corps, peut modifier sa forme.

Couche n. f. : en géologie, une couche désigne une masse de roche de même nature et faciès*, comprise entre une base et un sommet. Le terme ne s'applique qu'aux formations sédimentaires*. Une couche est formée de plusieurs lits*. Synonyme de strate.

Courbe de niveau n. f. : ligne d'égale altitude d'un relief*, figurée sur les cartes topographiques* et mesurée par rapport au niveau 0 de la mer. Les courbes de niveau forment des suites de lignes plus ou moins espacées, suivant la pente du terrain.

Cristal n. m. : corps à l'état solide, où tous les atomes sont parfaitement rangés dans l'espace. Les minéraux* des roches sont tous sous forme de cristaux, de tailles variées.

Cristallin adj. : composé de cristaux (voir cristal*).

Cristallisation n. f. : phénomène par lequel un corps passe à l'état de cristaux*. Par définition, la cristallisation caractérise l'état solide de tous les corps chimiques. Plusieurs processus peuvent entraîner une cristallisation : citons la solidification lente d'un liquide comportant des minéraux (cas des roches volcaniques) ou la précipitation (cas des roches salines). La cristallisation est invisible à l'œil nu, car elle se passe à l'échelle moléculaire, donc de quelques nanomètres. Elle correspond, en effet, à un arrangement régulier des atomes (Si, O, Al, Fe, Ca, etc.), qui composent les molécules minérales, selon un motif particulier. C'est la répétition de ce motif qui finit par donner, à l'échelle visible, une forme géométrique caractéristique pour un minéral* donné, donnant naissance à des prismes* de formes variées. Bien que se déroulant à l'échelle moléculaire, le phénomène donne un résultat visible au bout d'un temps plus ou moins long : la notion de vitesse de cristallisation est, en effet, essentielle, car il faut du temps, si bref soit-il, pour que les molécules cristallisent, en d'autres termes qu'elles « s'accrochent » les unes aux autres au cours de la croissance du cristal. Dans le cas d'un processus de refroidissement, lorsque la vitesse de refroidissement est supérieure à la vitesse de cristallisation, celle-ci n'a pas le temps de se réaliser : il y a formation de verres*.

Croûte n. f. : partie la plus superficielle du globe terrestre. Au niveau des océans, la croûte est composée essentiellement de sédiments* et de basaltes. Au niveau des continents, elle est composée principalement de granite (voir Terre*).

Crue n. f. : niveau le plus haut d'un cours d'eau. En montagne*, la crue coïncide avec la fonte des neiges.

D

Densité n. f. : propriété physique de la matière, correspondant au rapport entre la masse d'un corps et le volume qu'il occupe. La densité d'un kilo de plume est inférieure à celle d'un kilo de plomb. Un kilo d'eau à 4 °C occupe un volume d'un litre : sa densité est par définition 1. Les minéraux* les plus courants ont des densités comprises entre 2 et 3.

Déformation n. f. : phénomène mécanique qui modifie la géométrie initiale d'un corps. La déformation est causée par une compression, résultant de contraintes* qui s'exercent dans les trois directions de l'espace (verticale, horizontale et latérale). Si les trois contraintes sont égales, la déformation est homogène. Si on place un corps en forme de prisme* cubique en caoutchouc ou en pâte à modeler dans un champ de contraintes inégales, on observera

Glossaire

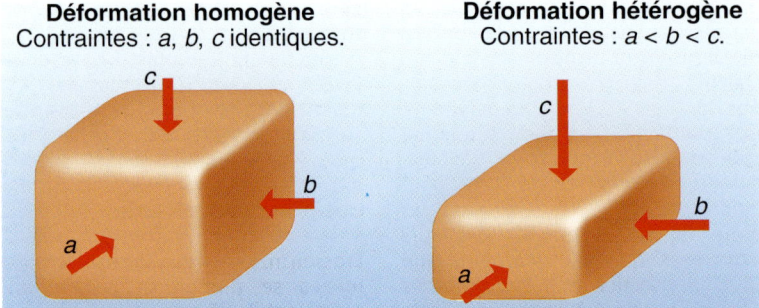

Déformation homogène
Contraintes : *a*, *b*, *c* identiques.

Déformation hétérogène
Contraintes : *a* < *b* < *c*.

le résultat suivant **(figure ci-dessus)** : dans la direction de contrainte la plus forte *c* (maximale), le prisme sera raccourci ; il s'allongera dans la contrainte minimale *a* ; dans la contrainte intermédiaire *b*, on aura un allongement moyen. Dans tous les cas de déformation, il y a conservation des volumes. Dans la nature, deux types de déformations affectent les roches : les plis* et les failles*.

Détritique adj. : qualificatif d'un dépôt* fait de débris de roches, de fossiles* ou de minéraux*. Un sédiment* est qualifié de détritique quand il est formé de ces débris.

Dépôt n. m. : terme courant qui désigne en géologie à la fois le phénomène d'accumulation de particules minérales* et le résultat de ce phénomène. Les particules minérales détritiques se déposent et forment un dépôt, appelé aussi sédiment*. Un dépôt peut aussi avoir une origine chimique.

Dissolution n. f. : processus physique par lequel un corps (solide, liquide ou gazeux) se mélange complètement avec un liquide. L'eau dissout les sels, le gaz carbonique, etc.

Doline n. f. : mot d'origine croate, désignant des dépressions fermées, de forme ovale ou circulaire, de 1 m à 20 m de diamètre. Elles apparaissent dans les couches calcaires*, et peuvent communiquer en profondeur avec une grotte. Elles résultent de l'activité karstique*. La réunion de plusieurs dolines donne un ouvala*. Le poljé* est une dépression de plus grande taille encore.

Dolomie n. f. : roche composée essentiellement de carbonate de calcium (ou calcite) et de carbonate de magnésium (ou dolomite). Formule chimique : $CaMg(CO_3)_2$.

Eau (cycle de l') : entre l'atmosphère et la Terre*, l'eau réalise un cycle

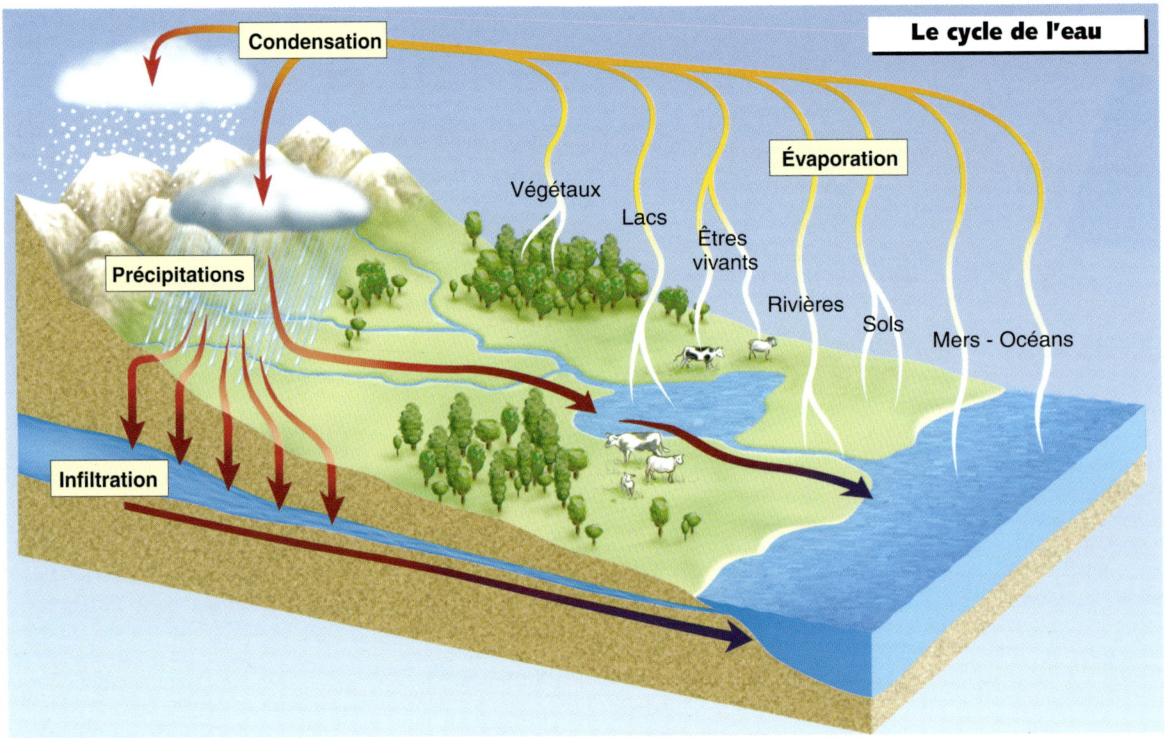

Le cycle de l'eau

Condensation — Précipitations — Infiltration — Évaporation — Végétaux — Lacs — Êtres vivants — Rivières — Sols — Mers - Océans (**figure** page de gauche). Dans l'atmosphère, l'eau se condense pour former les nuages. Elle retombe sur Terre sous forme de précipitations (pluie, neige). Celles-ci alimentent les cours d'eau et s'infiltrent dans le sous-sol pour former les nappes phréatiques*. L'eau ressort plus loin (parfois à des kilomètres) et alimente les sources et les cours d'eau. De là, elle se déverse dans les rivières qui se jettent ensuite dans les mers. Pour la France, on estime que sur, la totalité des précipitations, les 3/5 s'évaporent, 1/5 s'écoule en surface et 1/5 s'infiltre dans le sol* et le sous-sol*.

Éboulis n. m. : accumulation de fragments de roches fracturées, au pied des escarpements rocheux. Ces fragments sont de toute taille, du bloc métrique au grain de sable*. Dans les régions montagneuses, les éboulis ont souvent pour origine le gel, par suite du phénomène de gélifraction*.

Écaille n. f. : structure plus ou moins plane, longue de plusieurs kilomètres, qui résulte de la rupture d'un pli* anticlinal* couché, sous l'effet d'une déformation très accentuée. L'écaille est déplacée par rapport à la position d'origine du pli et chevauche* d'autres couches*.

Ère n. f. : division majeure de l'histoire de la planète. Dans l'ordre chronologique, on distingue: l'ère paléozoïque* (Primaire), l'ère mésozoïque* (Secondaire), l'ère cénozoïque* subdivisée en Tertiaire et Quaternaire*. C'est la succession des formes fossiles au cours de l'histoire de la Terre qui a servi à découper les temps géologiques en grandes ères. Les ères sont elles-mêmes divisées en étages*.

Érosion n. f. : ensemble des phénomènes se produisant en surface entraînant l'enlèvement progressif de la matière et modifiant le relief*. On comprend sous ce terme la désagrégation des roches (physique ou chimique), l'enlèvement des débris et leur transport. Le vent et surtout l'eau* sont des agents d'érosion (voir la **figure** ci-dessous).

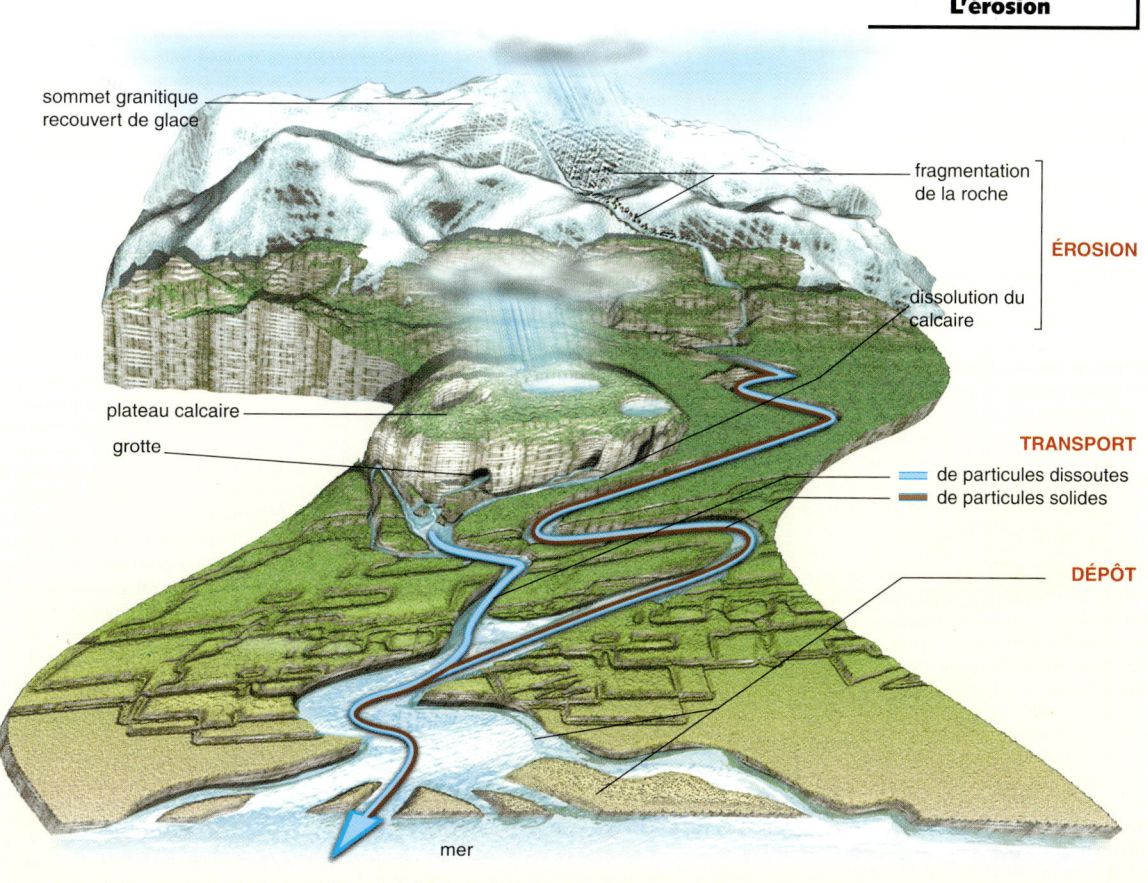

L'érosion

Erratique adj. : terme s'appliquant à des blocs, parfois de plusieurs tonnes, qui ont été transportés par les glaciers*, durant les glaciations* du Quaternaire*.

Étage n. m. : subdivision du temps, correspondant à quelques millions d'années (5 à 10 MA environ). A chaque étage correspond une association de fossiles* définie conventionnellement par les paléontologistes*. Chaque ère* comporte plusieurs étages*.

Étiage n. m. : niveau le plus bas d'un cours d'eau.

Évaporite n. f. : roche composée de sels (sel gemme*, gypse ou pierre à plâtre, potasse), résultant de l'évaporation d'une mer ou d'une lagune* communiquant avec la mer. Par exemple, il y a 230 à 205 MA, la mer du Trias* supérieur a laissé des dépôts évaporitiques, mélangés à des argiles*.

Faciès n. m. : terme désignant, en géologie, un ensemble de caractéristiques particulières d'une couche* : couleur, nature chimique ou minéralogique des roches. On parle de faciès évaporitique*, de faciès argileux* noir, etc.

Faille n. f. : déformation* cassante, qui interrompt brusquement la continuité des couches* ou des roches. De part et d'autre de la faille, il y a déplacement des parties séparées. On appelle lèvres d'une faille le bord des couches rompues. On distingue plusieurs types de faille selon l'allure du déplacement : la faille normale, provoquée par un mouvement d'extension, la faille inverse (**figure** ci-dessous), née d'une compression, et le décrochement (coulissement horizontal). Le rejet exprime l'importance du mouvement relatif des deux blocs séparés.

Feldspath n. m. : minéral* composé d'aluminosilicates de calcium/sodium/ ou potassium, instable à la surface du sol*. Le feldspath représente environ 60 % de la masse des granites et forme une importante partie de la lithosphère* supérieure.

Forage n. m. : action de creuser un trou dans le sous-sol*, pour en extraire de l'eau ou du pétrole, une fois le gisement* identifié par sondage*.

Fossile n. m. et adj. : reste ou moulage naturel d'organismes animaux ou végétaux conservés dans des sédiments*. On emploie aussi le terme, sous forme adjectivale, pour désigner des phénomènes anciens également conservés, tels que des traces, etc.

Gélif adj. : capable de se rompre sous l'effet du gel. Une roche calcaire* fissurée, dans laquelle l'eau peut s'accumuler, est particulièrement gélive.

Gélifraction n. f. : phénomène de rupture, sous l'effet du gel, des objets imbibés d'eau. Des roches poreuses* ou fissurées, dans lesquelles l'eau peut pénétrer et geler, peuvent ainsi être réduites en morceaux de toutes tailles.

Gisement n. m. : emplacement dans le sous-sol* où se trouve concentrée une substance déterminée. On parle d'un gisement de pétrole ou le gaz.

Glaciaire adj. : en rapport avec les glaciers* ou les périodes de glaciation*. On parle d'une vallée glaciaire pour une vallée qui a été façonnée par un glacier (forme en U).

Glaciation n. f. : moment de refroidissement général de la planète. On distingue plusieurs périodes de glaciations au cours de l'histoire de la Terre*, dont quatre au Quaternaire*.

Glacier n. m. : amas de glace empruntant une vallée, dans le cas des Alpes, ou recouvrant toute une partie d'un continent, comme au Groenland (on parle d'inlandsis).

Granoclassement n. m. : classement vertical des grains par taille progressivement décroissante dans des sédiments détritiques*.

Grès n. m. : sable* consolidé*. Le grès est une roche sédimentaire* détritique*.

Halite n. f. : voir sel* gemme.

Hydrodynamique n. f. : étude des lois physiques – la vitesse, le débit, la pression – régissant le mouvement des fluides comme l'eau. Toutes les expériences du chapitre 2 relèvent de cette science.

Hydrogéologie n. f. : science de l'eau du sous-sol*.

Hydrographie n. f. : étude de l'eau en surface. Les cartes topographiques* détaillées (1/25 000e ou 1/50 000e) représentent, en teinte bleue, tous les détails concernant l'eau : mers, rivières, sources, lacs, etc.

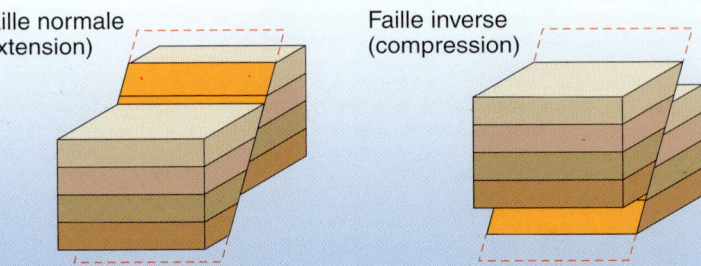

Faille normale (extension)   Faille inverse (compression)

Induré adj. : terme synonyme de consolidé*, souvent employé pour un niveau* particulièrement résistant à l'érosion*.

Ion n. m. : nom donné aux atomes quand ils sont excités électriquement. L'état ionique est signalé par l'adjonction des signes $^+$ et $^-$ aux symboles chimiques (Ca$^+$, Cl$^-$, etc.).

K

Karst n. m. : nom commun, dérivé du slovène *kras*, traduit en allemand par *karst*, désignant une région de Slovénie-Croatie, riche en cailloux, où les phénomènes de dissolution* des calcaires* par l'eau sont très développés et furent décrits en premier. Les roches calcaires sont en effet partiellement solubles dans les eaux chargées de dioxyde de carbone, comme les eaux de pluie.

Karstique adj. : adjectif dérivé du précédent. On parle de paysages karstiques, quand les effets de la dissolution affectent la surface du sol*. Une grotte, un lapiaz*, une doline*, un ouvala*, un poljé* sont des reliefs* qui résultent de l'activité karstique (voir **figure** ci-dessous).

Lagune n. f. : partie, généralement très plate et peu profonde, du littoral marin, isolé de la pleine mer, où l'eau peut se concentrer en sel* (de l'italien *laguna*, comme à Venise).

Lapiaz (lapiez) n. m. : surface d'un sol* calcaire* partiellement dissous par l'action de la pluie et creusée de cannelures. Sa formation résulte de l'activité karstique*.

Lèvre n.f. : bord d'une faille*.

Lit (dans les roches) n. m. : élément constitutif d'une couche* sédimentaire*. Un lit correspond à un épisode unique d'apport de sédiments détritiques* ; une couche peut être constituée de centaines ou de milliers de tels lits.

Lit (d'une rivière) n. m. : zone où coule un rivière.

Lithosphère n. f. : partie superficielle du globe terrestre, formée de la croûte* (croûte océanique ou continentale) et d'une partie du manteau*. La lithosphère est rigide et découpée en plaques mobiles, les plaques lithosphériques*. La lithosphère flotte sur l'asthénosphère* (voir Terre*).

Magma n. m. : liquide plus ou moins pâteux qui, par refroidissement, donne des roches. Les roches volcaniques sont formées de magma.

Manteau n. m. : le manteau est la partie du globe terrestre qui se trouve sous la croûte*. On distingue le manteau supérieur jusqu'à 700 km de profondeur, dont une partie est comprise dans la lithosphère*, une autre dans l'asthénosphère* ; et le manteau inférieur de 700 à 2 900 km de profondeur (voir Terre*).

Marin adj. : se dit d'un milieu fossile* que l'on sait avoir été formé dans une mer qui peut s'être retirée depuis. On détermine le caractère marin d'un sédiment* par les restes de faune ou de flore qu'on peut y trouver ou par certaines de ses caractéristiques chimiques.

Meuble adj. : contraire de consolidé*. S'applique à l'état initial de roches quand elles se déposent dans les fonds marins (ou plus rarement lacustres). Le sable* ou l'argile*, qu'on peut trouver au bord des plages actuelles, sont typiquement des sédiments* meubles*. Avec le temps et l'enfoncement, ces roches meubles peuvent se compacter*.

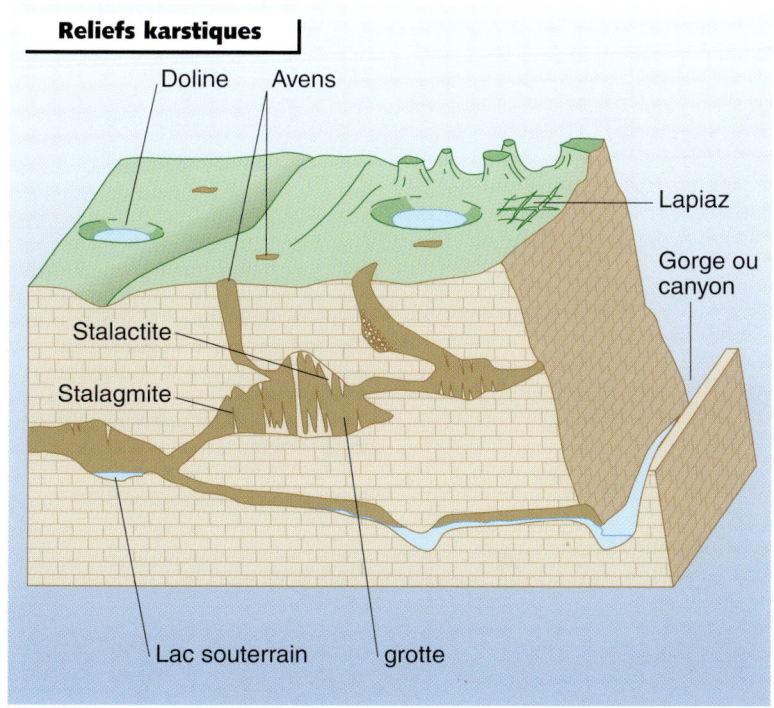

Mésozoïque n. m : ère* s'étendant de −245 à −65 MA. La fin du Mésozoïque est marquée par la disparition des dinosaures (on parle souvent de la crise Crétacé/Tertiaire). Synonyme d'ère secondaire.

Mica n. m. : minéral* brillant, noir ou blanc, fait d'aluminosilicate de potassium, de fer (± sodium) etc., cristallisant en feuillets nanométriques, d'où leur propriété de se cliver, c'est-à-dire de se détacher selon des plans parallèles.

Micromètre n. m. : millionième de mètre ou 10^{-6} m ou 10^{-3} mm. C'est, par exemple, la dimension des particules d'argiles*.

Minéral n. m. : constituant élémentaire des roches, correspondant à un corps chimique de formule constante, plus ou moins complexe. Le quartz*, le feldspath*, le mica* sont des minéraux.

Montagne n. f. : région de forte altitude. Une montagne naît de la collision de plaques lithosphériques*, comme deux véhicules en mouvement (voir schéma ci-dessous).

Moraine n. f. : désigne les sédiments* abandonnés par les glaciers*. Ils se déposent à l'extrémité d'un glacier ou en bordure et sont constitués d'éléments de différentes tailles.

Nanomètre n. m. : milliardième de mètre ou 10^{-9} m ou 10^{-6} mm. C'est la dimension des molécules.

Niveau n. m. : partie remarquable d'une couche*, soit par son aspect, soit par son contenu en fossiles*. On parle de « niveau repère » ou de « niveau induré ».

Orogène n. m. : système montagneux d'ampleur planétaire, résultant des phénomènes liés à une orogenèse*. Par exemple, l'orogène alpin comprend les Alpes, le Jura, les Carpates, les Balkans, le Caucase, l'Himalaya, etc. **(figure ci-contre)**.

Orogenèse n. f. : phénomène d'ampleur planétaire, provoqué par le déplacement et la collision des plaques lithosphériques* qui aboutit, par compression, à la formation des chaînes de montagnes*. L'orogenèse alpine a commencé il y a environ 100 MA et continue encore de nos jours.

Orographie n. f. : description des traits caractérisant le relief*.

Ouvala n. m. : voir doline*.

Paléontologie n. f. : science des êtres vivants ayant vécu dans le passé de la planète.

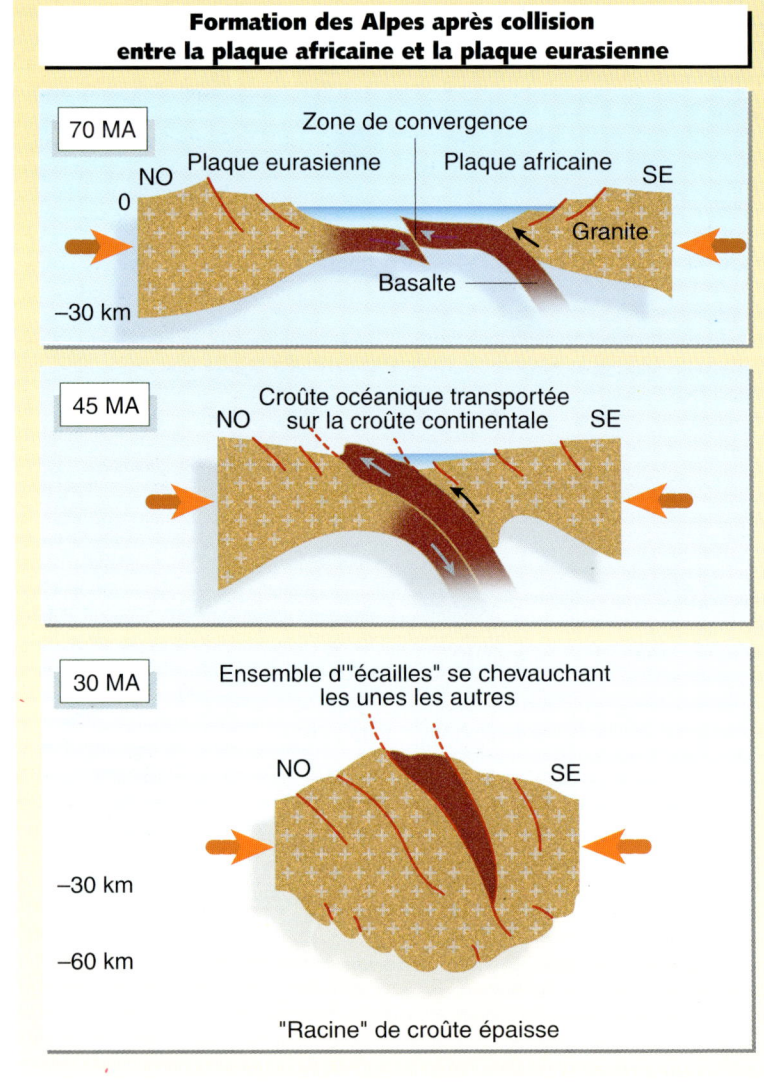

Formation des Alpes après collision entre la plaque africaine et la plaque eurasienne

Paléontologiste n. m. : chercheur étudiant les fossiles*.

Paléozoïque n. m. : ère* s'étendant de −540 à −245 MA, marquée par l'apparition des premiers fossiles* à carapace dure. Synonyme d'ère* primaire.

Pendage n. m. : terme géologique appliqué à la pente que prend une couche* lorsqu'elle est déformée. On mesure le pendage par l'angle formé entre la couche (le plan de base, le plan supérieur ou tout plan intermédiaire parallèle) et un plan horizontal, à l'aide d'une boussole munie d'un clinomètre (niveau qui sert à mesurer les angles). Les valeurs de pendage sont comprises entre 0° (correspondant à l'horizontale) et 90° (correspondant à la verticale).

Penté adj. : adjectif utilisé pour dire qu'une ou plusieurs couches ne sont plus horizontales. On dit qu'une couche est peu pentée quand elle fait un angle compris entre 0 et 30°; qu'elle est fortement pentée quand son pendage dépasse 60°.

Percoler v. : pénétrer lentement dans le sol* et le sous-sol*, en parlant d'un liquide.

Permien n. m. : dernière période du Paléozoïque*, comprise entre −295 MA et −245 MA.

Phréatique adj. : terme dérivé du grec *phréas*, qui veut dire puits. Une nappe phréatique est une nappe d'eau souterraine, que l'on atteint en creusant des puits. Selon le nombre de couches perméables et imperméables présentes dans le sous-sol*, plusieurs nappes phréatiques peuvent se superposer.

Plaque lithosphérique n. f. : partie rigide de la Terre*, épaisse de 100 km environ. La Terre est découpée en une douzaine de plaques, formées de lithosphère*, qui flottent sur l'asthénosphère* sous-jacente. Les plaques sont animées d'un lent mouvement horizontal : elles s'écartent ou se rapprochent à la vitesse de 2 cm par an environ. C'est aux frontières des plaques que se produisent séismes et éruptions volcaniques.

Pli n. m. : forme que prennent les couches* quand elles sont soumises à une compression qui les « plisse », comme ferait d'une pièce de tissu. Les plis ont des dimensions allant du mètre à plusieurs kilomètres. Un ensemble de plis est constitué d'une alternance de parties creuses (synclinaux*) et de parties bombées (anticlinaux*). Selon la position de l'axe* du pli et des déformations* subies par les roches, on distingue les plis droits, couchés, étirés et même faillés, quand les matériaux n'ont pas résisté au plissement et se sont rompus.

Plissement n. m. : action de plisser. Cette action, qui se déroule à l'échelle des temps géologiques, s'étale sur des centaines de milliers d'années, voire des MA.

Plisser v. : déformer une couche* géologique sans la rompre, en créant des ondulations dans toute la pile des couches.

Polarité n. f. : en géologie, ce terme s'applique à l'ordre chronologique dans lequel se fait un dépôt*. Le

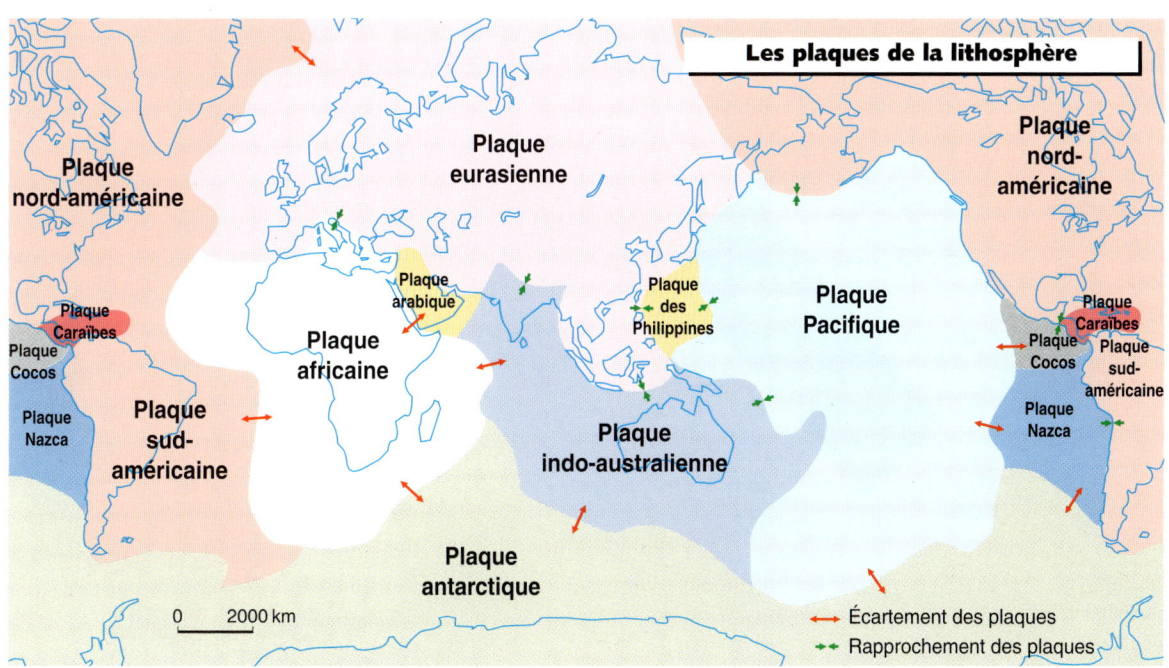

Les plaques de la lithosphère

classement des grains par taille (ou granoclassement*) est l'un des meilleurs critères de polarité.

Poljé n. m. : voir doline*.

Poreux adj. : une roche est poreuse lorsqu'elle présente de multiples petits trous pouvant être occupés par des fluides (eau, gaz, pétrole).

Porosité n. f. : état de ce qui est poreux*.

Prisme n. m. : forme géométrique d'un solide, formée de plans parallèles élevés à partir d'une base polygonale (triangle, carré, etc.).

Puissance n. f. : en géologie, terme synonyme d'épaisseur.

Quartz n. m. : nom du minéral* composé exclusivement de silice (oxyde de silicium). Le quartz est le principal constituant des sables*.

Quaternaire n. m. : époque géologique qui correspond à la partie supérieure de l'ère* cénozoïque* et dans laquelle nous vivons. Le Quaternaire est caractérisé par la survenue de plusieurs périodes de glaciation*, dont la plus récente est le Würm*.

Quaternaire adj. : adjectif s'appliquant à l'époque décrite ci-dessus.

Régression n. f. : recul progressif et durable de la mer, après une période de transgression*.

Relief n. m. : forme de la surface de la Terre*. Un relief peut être plat ou accidenté.

Roche n. f. : nom scientifique de caillou ou pierre. Matériau constitutif du sous-sol*, formé d'un ou de plusieurs minéraux* : par exemple, le granite est un mélange de quartz* (20 %), de feldspath* (65 %) et de micas* (15 %) ; le calcaire* est composé uniquement de calcite*. Une roche est cohérente (consolidée*) ou meuble*.

Roche-magasin n. f. : terme technique donné par les géologues pétroliers aux roches poreuses* susceptibles de contenir du pétrole ou du gaz, grâce à leur porosité*.

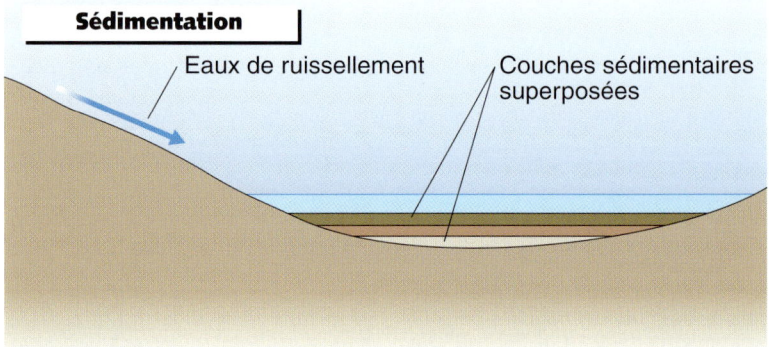

Ruissellement n. m. : désigne l'écoulement des eaux de pluie en surface. Le ruissellement peut creuser des rigoles qui forment des ravinements **(figure ci-dessus)**.

Sable n. m. : matériau meuble* formé de grains de quartz* ayant des dimensions comprises entre 0,06 mm et 2 mm. Le sable est un sédiment* détritique* meuble*.

Schiste n. m. : nom donné aux roches d'origine argileuse*, transformées et cristallisées en profondeur, à des températures supérieures à 300 °C. Elles présentent un aspect en feuillets, qui correspondent à chaque plan de cristallisation* des minéraux*, essentiellement micas* et quartz*.

Sédiment n. m. : tout type de roche, meuble* ou consolidée, issue du dépôt* de particules de toute nature et de toute dimension.

Sédimentaire adj. : qualifie une roche formée à la surface de la Terre* et déposée en couche*. Les roches sédimentaires sont constituées de sédiments* meubles* ou consolidés*. Elles couvrent les 3/4 de la surface terrestre.

Sédimentation n. f. : ensemble des processus conduisant au dépôt* des sédiments* et à la formation des roches sédimentaires* **(figure)**.

Série n. f. : ensemble d'étages* montrant des caractéristiques paléontologiques proches.

Sel gemme n. m. : roche grisâtre composée de chlorure de sodium (Nacl), disposée en couches* et exploitée dans des mines : c'est une évaporite*. Synonyme de halite.

Shale n. m. : synonyme anglais, souvent employé en français géologique, de roche argileuse* consolidée* ou argillite*. Les shales* bitumineux sont imprégnés d'hydrocarbures.

Socle n. m. : partie profonde du sous-sol*, constituée de roches anciennes (d'âge supérieur à 250 MA en France), servant de support aux bassins* sédimentaires*. Les socles sont constitués, en partie, de roches cristallines*. Ils peuvent affleurer* soit sous l'effet de l'érosion*, soit parce qu'ils n'ont jamais été recouverts par le mer, soit parce qu'ils ont été soulevés par une orogenèse*. Les roches granitiques du Mont Blanc appartiennent au socle des Alpes.

Sol n. m. : partie la plus superficielle de la croûte* terrestre, meuble*, constituée de matière minérale* issue du sous-sol* altéré et de débris organiques.

Sondage n. m. : action de creuser un trou dans le sous-sol* pour la reconnaissance de gisements*. La recherche pétrolière et minière débute toujours par une « campagne de sondages ». Le sondage précède le forage*.

Sous-sol n. m. : ensemble des terrains géologiques formant une région. Le sous-sol est le plus souvent altéré dans sa partie supérieure et donne alors naissance à une partie du sol*. Si le sol a été enlevé, on dit que le sous-sol affleure*.

Spathique adj. : adjectif indiquant le caractère cristallin* d'un minéral*. S'emploie souvent pour la calcite*, qui peut former des cristaux*, dans les zones de failles* en particulier, et dans les grottes.

Stalactite n. f. : concrétion de calcite* qui tombe du plafond d'une grotte. Une stalactite se forme au cours du temps par le dépôt* successif et concentrique de la calcite* ($CaCO_3$) dissoute dans l'eau souterraine. Quand l'eau arrive au contact de l'air, après circulation dans les fissures de la roche, la calcite précipite en constituant ces objets aux formes variées.

Stalagmite n. f. : concrétion de calcite*, montant du plancher des grottes. La goutte d'eau qui donne naissance à la stalactite* peut contenir encore un peu de calcite. Celle-ci précipite à nouveau sur le sol* de la grotte, d'où l'aspect ascendant des stalagmites, qui ont une base plus large que leur extrémité supérieure.

Substrat n. m. : désigne les roches du sous-sol*.

Stratigraphie n. f. : science qui étudie la succession des dépôts* sédimentaires* généralement arrangés en couches* (ou strates).

Synclinal n. m. et adj. : se dit d'une structure* géologique en forme de cuvette. On parle de pli synclinal*.

T

Tectonique des plaques : modèle (**figure** ci-dessous) qui explique l'en-

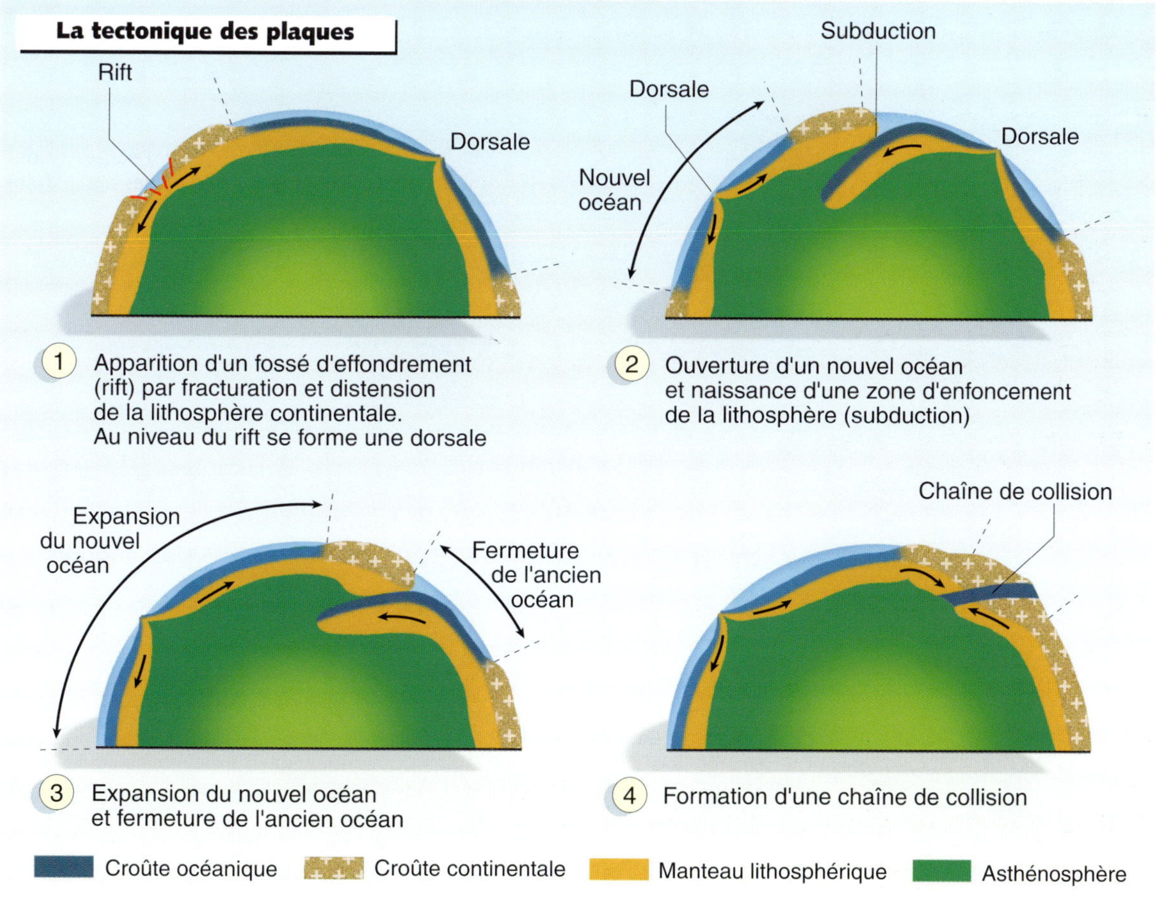
La tectonique des plaques
Rift
Dorsale
Subduction
Dorsale
Nouvel océan
Dorsale
1 Apparition d'un fossé d'effondrement (rift) par fracturation et distension de la lithosphère continentale. Au niveau du rift se forme une dorsale
2 Ouverture d'un nouvel océan et naissance d'une zone d'enfoncement de la lithosphère (subduction)
Expansion du nouvel océan
Fermeture de l'ancien océan
Chaîne de collision
3 Expansion du nouvel océan et fermeture de l'ancien océan
4 Formation d'une chaîne de collision
Croûte océanique
Croûte continentale
Manteau lithosphérique
Asthénosphère

semble des mouvements des plaques* de la lithosphère* flottant sur l'asthénosphère*, et leurs conséquences sur le visage de la Terre* (ouverture d'océans, formation de chaînes de montagnes*).

Terrasse n. f. : ancien niveau d'une rivière, marqué par un replat, perché à divers niveaux de la vallée. Une terrasse peut être constituée par les dépôts* successifs d'alluvions*, évidemment plus anciennes que celles du lit* actuel.

Terre n. f. : planète du système solaire. C'est pratiquement une sphère de 6370 km de rayon. De l'extérieur vers l'intérieur, on distingue : la croûte*, le manteau*, le noyau, la graine **(figure)**. La lithosphère* est composée de la croûte et d'une partie du manteau. L'asthénosphère* sous-jacente comporte une partie du manteau.

Topographie n. f. : description géométrique du relief* de notre globe, à l'origine des cartes, dites topographiques, où sont représentées les altitudes (voir courbe de niveau*) et toutes les particularités, naturelles ou humaines de la surface du

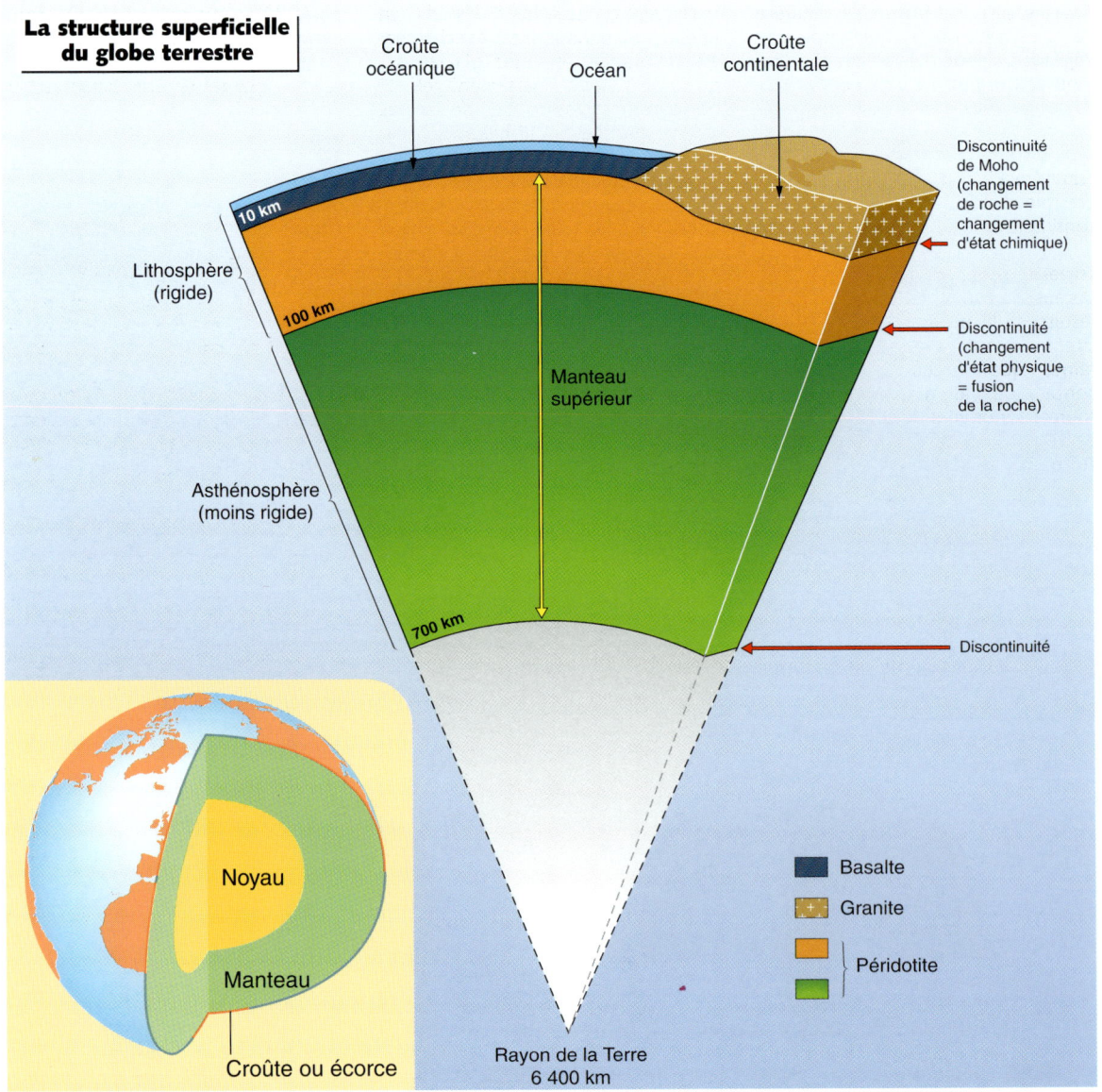

La structure superficielle du globe terrestre

sol* (cours d'eau, routes, agglomérations, limites administratives, etc.).

Tourbe n. f. : roche meuble*, d'origine organique, résultant de la décomposition sur place d'une mousse (sphaigne) qui pousse dans des zones imperméables dues à la présence de couches argileuses sous-jacentes.

Tourbière n. f. : forme particulière de marécage, où se développe une végétation de sphaigne, une mousse qui pourrit à sa partie inférieure en donnant naissance à la tourbe*.

Transgression n. f. : avancée progressive et prolongée de la mer sur le continent.

Travertin n. m. : roche calcaire*, très poreuse*, voire caverneuse, qui résulte de la précipitation de la calcite*, dissoute dans l'eau souterraine, quand celle-ci arrive au contact de l'air à la faveur d'une source. Synonyme de tuf.

Tuf n. m. : voir travertin.

Trias n. m. : période géologique comprise entre 245 et 205 MA. C'est la première période du Mésozoïque*.

Vallée sèche n. f. : dépression en forme de vallée, aboutissant en général à une vallée encore occupée par une rivière. L'origine de ces vallées maintenant asséchées, sauf en période d'inondation, est à rechercher aux lointaines époques glaciaires*, quand le sol était entièrement gelé, et donc imperméable. Le débit des rivières était de ce fait beaucoup plus fort que de nos jours, et les vallées ont pu ainsi être creusées. Elles furent ensuite abandonnées quand le sol* redevint perméable, lors du dégel général survenu à la fin du dernier épisode glaciaire.

Verre n. m. : magma* ayant refroidi très rapidement, sans cristallisation*. À la différence des cristaux*, l'arrangement des molécules constitutives n'est pas ordonné, de sorte que le verre n'est pas un « vrai » solide, au sens des physiciens ; on le dit « amorphe ». Dans la nature, on trouve des verres notamment dans les roches volcaniques lorsque celles-ci se refroidissent rapidement. Les ponces sont des verres volcaniques mélangés de gaz.

Viscosité n. f. : propriété physique, caractérisant la résistance d'un fluide à l'écoulement. Par définition, la viscosité dynamique de l'eau est de 1 poise (10^{-1} pascal/seconde). Tout corps possède une viscosité, même les minéraux* et les roches : dans ce cas, la viscosité est très faible (10^{-13} poise pour le granite).

Würm : quatrième et dernier épisode glaciaire* du Quaternaire*, commencé vers $-80\,000$ ans et ayant duré jusque vers $-10\,000$ ans avant le temps présent.

Würmien : adjectif dérivé du mot précédent, désignant les événements ou les objets correspondant à cette période.

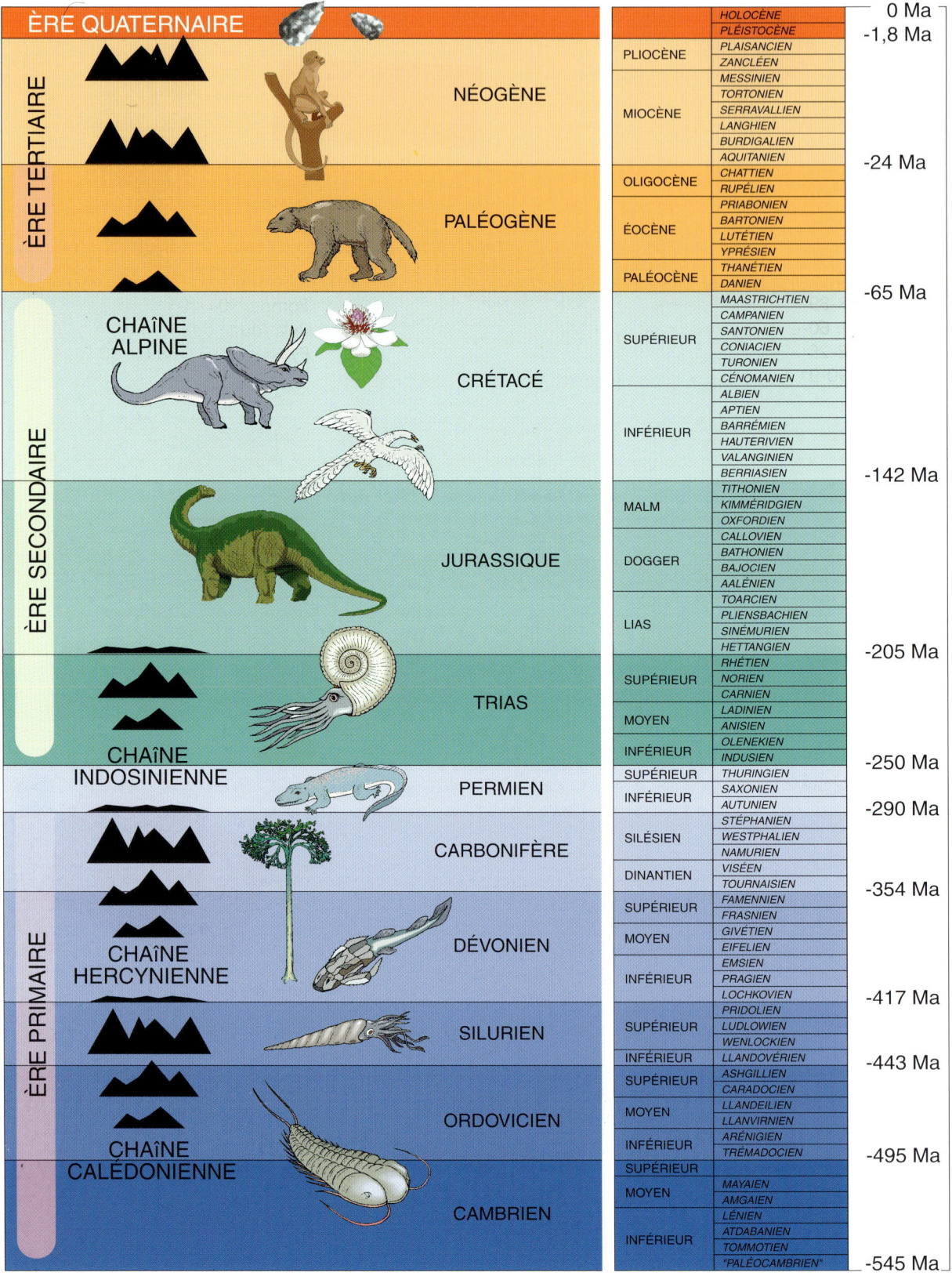

Index des noms de lieux

A
Adriatique 38-39
Afrique de l'Est 96-97
Alpes 22-23, 26-27, 30-31, 34-35, 90-91, 101, 118
Alsace 96-97
Andorre 88-89
Antarctique 60-61
Ardèche 28-29
Ardennes 90-91
Arve 34-35
Aube 72-73

B
Baïkal (lac) 14-15
Barles 26-27
Bassin parisien 8-9, 24-25, 72-73, 86-87, 101
Bengladesh 38-39
Bourg d'Oisans 90-91
Bretagne 90-91

C
Camargue 38-39
Canada 54-55
Cévennes 90-91
Chamonix 34-35
Champagne 72-73
Chartreuse 90-91
Chili 78-79
Cormeilles-en-Parisis 86-87

E
Égypte 38-39
Europe 54-57

F
Forêt noire 96-97
France 56-59

G
Gange 38-39
Golfe du Bengale 38-39

Grenoble 90-91
Groenland 60-61

H
Haute-Provence 20-23
Haute-Savoie 82-83
Hérault 12-13, 18-19

I
Inde 38-39
Indien (Océan) 38-39
Indus 38-39
Islande 96-97, 102-103

J
Jura 90-91

L
Languedoc 90-91
Lautaret (col du) 30-31
Léman (lac) 14-15
Lodève 12-13, 18-19

M
Massif central 90-91
Méditerranée 38-39
Mer Noire 38-39
Mer Rouge 96-97
Meteor (cratère) 18-19
Meurthe 32-33
Montagne Pelée 104-105
Montmélian 92-93
Mont Néron 90-91
Moselle 32-33

N
Normandie 36-37
Norvège 18-19, 46-47

O
Océan 10-11, 96-97
Oisans 34-35
Oman (mer d') 38-39

P
Panamà 44-45
Paris 36-37, 72-73
Philippines 8-9, 104-105
Pinatubo 8-9, 104-105
Platé (désert de) 82-83
Pompéi 104-105
Pyla (dune du) 10-11
Pyrénées 30-31, 88-89, 90-91, 101

Q
Queyras 20-21
Quiberon 90-91

R
Rhône 38-39
Roche-du-Guet (La) 92-93
Romanche 34-35, 90-91
Russie 14-15, 54-55, 101

S
Sahara 8-11, 38-39, 72-73
Sahel 66-67
Saint Pierre de la Martinique 104-105
Saint-Veyran 20-21
Salle en Beaumont (La) 42-43
Scandinavie 54-55, 101
Seine 32-33, 36-37
Sisteron 20-23
Slovénie 82-83

T
Tarn 28-29

V
Vaux de Cernay 32-33
Vercors 90-91
Verdon 28-29
Vésuve 104-105
Vosges 90-91, 96-97

Y
Yvette 32-33

Index des noms communs

A

Ablation 20-31, 34-35, 42-43, 54-55, 112
Accrétion 102-103
Acide 82-83, 112
Affleurement 112
Affouillement 26-27
Âge 112
Alluvion 36-37, 112
Altérer 112
Anticlinal 90-93, 112
Arène 112
Argile 12-13, 20-21, 26-27, 40-45, 48-51, 58-59, 66-70, 72-75, 80-81, 86-87, 112
Asthénosphère 112, 121-122
Atmosphère 112
Aven 82-83
Axe (d'un pli) 112

B

Bad land 22-23
Banc 112
Banquise 60-61
Barkahne 10-11
Base 112
Bassin 32-33, 38-39, 78-79, 86-87, 112
Boucle de boue 12-13
Boussole 108-111, 119

C

Calcaire 28-29, 82-85, 112
Calcite 82-87, 112
Calotte glaciaire 60-61
Canal 44-45
Canyon 28-29
Capillarité 40-41, 66-69, 71-73, 112
Capture 30-33
Cendre volcanique 8-9, 104-105
Cénozoïque 112, 124
Chambre magmatique 104-105
Champ magnétique 106-111
Charge 26-29, 34-39, 46-47, 112
Charnière 112
Chaux éteinte 84-85
Chaux vive 84-85

Cheminée de fée 20-21
Cheminée volcanique 104-105
Chenal 38-39, 113
Chevauchement 92-93, 113, 118
Chimique (dépôt) 113
Chimique (phénomène) 76-87
Ciment 84-85, 113
Clinomètre 98-99, 110-111, 119
Col 30-31
Collision 90-93, 118, 121
Compacté 113
Compression 90-95, 110-111, 116
Cône de déjection 34-35, 38-39
Consolidé 113
Contrainte 113
Corps magnétique 108-109
Couche 48-49, 98-99, 110-111, 113
Coup de gouge 26-27
Courant 22-23, 26-39, 46-47, 50-51, 60-61
Courant de convection 102-103
Courbe de niveau 113
Crête 14-15
Cristal 78-79, 113
Cristallisation 78-79, 113
Croûte 113
Croûte terrestre 121-122

D

Débit 26-35, 46-47, 66-67
Déblai 44-45
Déformation 89-99, 113-114
Dégel 54-55, 58-59
Delta 38-39, 74-75
Demoiselle coiffée 20-21
Densité 60-61, 102-103, 113
Dépôt 12-13, 38-39, 48-49, 114
Désert 8-11, 54-55
Dessiccation 12-13
Détritique 114
Dioxyde de carbone 82-83
Direction 98-99, 108-111
Dissolution 78-79, 82-83, 86-87, 114
Divergence 96-97
Doline 82-83, 114

Dolomie 114
Dorsale 96-97, 102-103, 121
Dune longitudinale 8-9
Dune transversale 10-11

E

Eau 17-51, 52-61, 63-75
Eau (cycle de l') 114-115
Éboulis 54-55, 115
Écaille 92-93, 115, 118
Embouchure 38-39
Enlisement 40-41
Erg 10-11
Ère 115, 124
Érosion 22-27, 36-37, 115
Érosion régressive 30-33
Erratique 116
Étage 116
Étiage 116
Évaporation 12-13, 86-89
Évaporite 116
Extension 116

F

Faciès 116
Faille 44-45, 66-67, 70, 74-75, 116
Faille inverse 92-95, 116
Faille normale 96-97, 116
Faille panaméenne 44-45
Falaise 44-45
Feldspath 116
Fente de dessiccation 12-13
Fente de retrait 12-13
Feu follet 80-81
Fissure 54-55
Fleuve 38-39, 46-47
Fluide 64-67, 74-75
Forage 68-69, 72-75, 116
Fossile 12-13, 18-19, 26-27, 38-39, 116
Fracturation 66-67
Fragmentation 54-55

G

Gaz 66-69, 71, 80-81, 104-105
Gel 52-61
Gélif 116
Gélifraction 54-55, 116
Génie civil 44-45, 50-51
Géothermie 102-103

Germe 78-79
Gisement 38-39, 80-81, 86-87, 116
Glace 54-61
Glaciaire 116
Glaciation 24-25, 116
Glacier 28-29, 58-61, 116
Glissement de terrain 42-45
Gorge 28-29
Gouffre 82-83
Goutte d'eau 18-21
Granoclassement 34-35, 48-49, 116
Granulométrie 50-51, 64-67
Gravier 50-51
Gravité 14-15, 28-37, 42-45, 68-70, 72-73
Grès 18-19, 38-39, 64-65, 116
Grotte 82-83
Gypse 86-87

H

Halite 78-79, 116
Hétérogranulaire 64-65
Houle 14-15
Hydrocarbure 80-81
Hydrodynamique 116
Hydrogéologie 116
Hydrographie 116

I

Iceberg 60-61
Impact 18-19
Imperméabilité 56-57, 66-70, 72-75, 80-81
Inclinaison 98-99
Induré 117
Infiltration 54-55
Inlandsis 60-61, 116
Inondation 24-25
Inversion (de couche) 48-49
Ion 117
Isogranulaire 64-65

K

Karst 82-83, 117

L

Lagune 117
Lapiez 82-83, 117
Lave 84-85, 102-105
Lèvre 117
Liquéfaction 40-41
Lit 48-49, 117
Lithosphère 117, 121-122
Loess 8-9, 24-25

M

Magma 96-97, 102-105, 117
Magnétite 108-109
Manteau 102-103, 117, 121-122
Marais 80-81
Marais salant 78-79
Marin 117
Matière organique 80-81
Méandre 36-37
Mer 14-15, 38-39, 78-79
Merzlota 56-57
Mésozoïque 118, 124
Météorite 18-19
Meuble 117
Mica 118
Micromètre 118
Minéral 118
Montagne 28-37, 42-43, 54-55, 58-59, 89-99, 118
Moraine 118

N

Nanomètre 118
Nappe 71
Nappe phréatique 68-70, 72-73, 119
Niveau 118
Niveau piézométrique 68-69, 72-73
Nord 108-111
Noyau 122
Nuée ardente 104-105

O

Océan 14-15, 60-61, 121-122
Onde 14-15
Onde sismique 94-95
Orogène 118
Orographie 118

Ouvala 82-83, 118
Oxydation 80-81

P

Paléontologie 118
Paléontologiste 119
Paléozoïque 119, 124
Pendage 98-99, 110-111, 119
Pénéplaine 28-29
Pente 46-47, 110-11
Penté 119
Percolation 72-73
Percoler 119
Pergélisol 56-57
Permafrost 56-57
Perméabilité 56-57, 66-67, 70-75
Permien 12-13, 119
Pétrole 38-39, 66-69, 71, 74-75, 80-81
Pierre à chaux 84-85
Pierre dressée 58-59
Plage 10-11
Plaque lithosphérique 90-97, 102-103, 119
Plâtre 86-87
Pli 90-91, 119
Pli-faille 92-93
Plissement 90-93, 119
Plisser 119
Pluie 12-13, 18-23, 30-31, 42-45
Pluie acide 82-83
Pluie rouge 8-9
Poreux 120
Polarité 12-13, 48-49, 119
Pôle géographique 108-109
Pôle magnétique 108-109
Poljé 82-83, 120
Pore 54-55, 64-65, 68-69
Porosité 66-67, 120
Portance 8-9
Poussière 8-9
Précipité 82-85
Pression 72-73, 94-95, 104-105
Prisme 120
Puissance 120
Puits 68-69, 71
Puits artésien 72-73

Q

Quartz 120
Quaternaire 120, 124

R

Rapide 46-47
Ravinement 22-23
Régression 120
Relief 120
Reptation 8-9
Réserve d'eau 66-69
Résistance 94-95
Rift 96-97, 102-103, 121
Rigole 22-23, 26-31
Risque naturel 42-43
Rive concave 36-37
Rive convexe 36-37
Rivière 32-33, 36-37, 46-47
Roche 89-99, 120
Roche magasin 38-39, 80-81, 120
Roche poreuse 54-55
Roche saline 86-87
Roche sédimentaire 98-99
Ruisseau 46-47
Ruissellement 22-25, 28-31, 34-35, 42-43, 120
Rupture 94-95

S

Sable 8-13, 18-23, 26-27, 34-37, 40-41, 44-45, 48-51, 56-57, 64-67, 72-75, 120
Sable mouvant 40-41
Saltation 8-9
Schiste 120
Scour mark 26-27
Sebkha 78-79
Sécheresse 12-13
Sédiment 12-13, 34-35, 38-41, 46-51, 66-67, 120
Sédimentaire 120
Sédimentation 36-37, 48-49, 120
Séisme 94-97
Sel 78-79
Sel gemme 78-79, 120
Série 120
Shale 120
Shale bitumeux 80-81
Socle 120
Sol 40-41, 56-57, 121
Sondage 74-75
Source 70
Sous-sol 42-45, 56-57, 63-75, 121
Spathique 121
Stalagmite 82-83, 121
Stalactite 82-83, 121

Strate 98-99
Stratigraphie 121
Subduction 102-103, 121
Substrat 121
Surface 17-51
Synclinal 90-91, 121

T

Tamis 50-51
Tamisage 50-51
Tectonique des plaques 102-103, 121-122
Terrasse 122
Terre 122
Thermique (phénomène) 100-105
Thixotropie 40-41, 56-57
Topographie 123
Torrent 34-35
Tourbe 123
Tourbière 80-81, 123
Transgression 123
Travertin 123
Tri 50-51
Trias 123
Tsunami 14-15
Tuf 123

V

Vague 14-15
Vallée 20-21, 30-31, 42-43, 70, 90-91
Vallée à fond plat 34-35
Vallée glaciaire 28-29, 34-37
Vallée jeune 28-29
Vallée morte 32-33
Vallée sèche 123
Vallée sénile 28-29
Végétation 24-25
Vent 8-15, 18-19, 24-25, 84-85
Verre 123
Viscosité 123
Volcan 96-97
Volcan effusif 104-105
Volcan explosif 104-105

W

Würm 123
Würmien 123

Crédits photographiques

Couverture et page de titre : PhotoDisc • **p. 6-7 :** Goodshoot • **p. 8 :** Goodshoot • **p. 10-11 :** Goodshoot • **p. 12 :** DigitalVision • **p. 14 :** DigitalVision • **p. 16 :** PhotoDisc • **p. 19 :** PhotoDisc • **p. 21 :** Toupet • **p. 22-23 :** A. Prost • **p. 25 :** PhotoDisc • **p. 26 :** A. Prost • **p. 31 :** A. Prost • **p. 34 :** A. Prost • **p. 36 :** DigitalVision • **p. 38 :** PhotoDisc • **p. 43 :** Besson • **p. 45 :** J.-L. Charmet • **p. 47 :** A. Prost • **p. 48 :** A. Prost • **p. 52 :** PhotoDisc • **p. 54 :** DigitalVision • **p. 59 :** A. Prost • **p. 61 :** Photodisc • **p. 62 :** Jacana/Yves Cavaille • **p. 68 :** PhotoDisc • **p. 73 :** *Le Monde illustré* n°15, 25 juillet 1857 • **p. 75 :** PhotoDisc • **p. 76 :** Musée des marais salants/G. Buron (Batz) • **p. 78 :** Explorer/Le Floch • **p. 79 :** Belin • **p. 81 :** PhotoDisc • **p. 82 :** Belin • **p. 85 :** J.-L. Charmet • **p. 87 :** F. Michel • **p. 88 :** M. Mattauer • **p. 93 :** F. Michel • **p. 95 :** M. Mattaeur • **p. 99 :** M. Mattauer • **p. 100 :** PhotoDisc • **p. 104 :** Réa-Garcia/Saba • **p. 106 :** PhotoDisc • **p. 111 :** M. Mattauer.

Illustrations

Laurent Blondel (Corédoc) : p. 8-11, 13, 18, 20-21, 23-28, 30, 32-35, 37-46, 49-51, 56-61, 64-72, 74, 79-80, 84, 86, 90-99, 102-103, 105, 108-111, 113-114, 116-117, 120

Pour la Science 14-15, 103, 124

Sylvie Dessert : 114-115, 118-119, 121-122